あしたの保育が楽しくなる実践事例集

ワクワク！ドキドキ！が生まれる環境構成

～3.4.5歳児の主体的・対話的で深い学び～

公益社団法人 全国幼児教育研究協会
編著代表　岡上直子

ひかりのくに

はじめに

　あなたのクラスの子どもたちは、ワクワクしながら期待感やスリル感を味わい、夢中になって遊んでいますか。

　そして、時にはドキドキしながらも、達成感を味わえるような保育が展開されているでしょうか。

　保育の現場からは、「環境構成のポイントってどこにあるの?」「環境を構成したつもりだけれど、子どもの学びの広がりや深まりをどう捉えればいいのかな?」など、環境の構成に悩む保育者の声が聞こえてきます。

　また、幼稚園教育要領、保育所保育指針、幼保連携型認定こども園教育・保育要領の改訂に向けた審議の中では、アクティブ・ラーニングの視点からの保育改善が検討され、2018年4月から施行される幼稚園教育要領には、「主体的・対話的で深い学びが実現するようにするとともに(後略)」と示されました。この「主体的・対話的で深い学び」を実現するためには、どのように環境を構成すればよいのか、ヒントを求める声も聞こえてきています。

　本書は、こうした保育者の声に応え、環境構成に関する基本とヒントを伝えるものです。保育現場の知恵を集め、今回の改訂の趣旨を踏まえて、「環境の構成」の考え方を事例と共に紹介しています。保育者だけでなく、これから保育者になろうとしている方々にもお読みいただけるよう、具体的な解説を工夫して編集しています。是非、お読みいただき、学びを深めていただきたいと思います。

園の先生方へ

　幼稚園、保育所(園)、認定こども園などで、実際に子どもたちに接している方々には、それぞれの地域や園、クラス集団の実態に即して環境の構成を考えるヒントが見いだせるようにと願いました。

　子どもの実態から様々に思い巡らすことや、多様な材料や方法を知っていることで、豊かな遊びが展開していきます。その具体例を示しました。

　「これは、やってみたい！」と思うヒントを見つけて、あなたの保育に生かしてください。保育の引き出しを増やすと、保育がもっともっと楽しくなるはずです。

　本書を参考に、子どもも保育者もワクワク・ドキドキしながら園生活を楽しみ、学びが深まるような保育の実現を目指していただけたらと願っています。

未来の保育者へ

　これから保育者になろうとしている皆さんには、子どもの動きと関連付けて、具体的な場面でどのようなことを考えて環境を構成すればよいか、そのポイントが学べる本になっています。

　子どもが興味・関心をもって関わりたくなる環境を意図的、計画的に用意することの重要性や、子ども理解と発達の捉えに裏付けられた保育者の援助について、理論と方法を示しています。

　「環境を通して行う教育」の理念と保育の在り方について、実践をイメージしながら考え、学び取ってください。

　さあ、幼児教育における「環境を通して行う教育」について、皆さんが学ぶ「環境」は整いました。たくさんの子どもたちの遊びの姿から、大人には考え付かない豊かな発想に驚き、教材の意味や大切さに気付くなど、アクティブ・ラーニングの視点からの保育の改善について、この本全体から様々に読み取り、じっくりと学んでください。

プロローグ 2018（平成30）年度施行の、新しい要領、指針、教育・保育要領の理解を！ 園内研修にも！

本書の活用にあたって──新しい保育の展開を！──

2018（平成30）年度から、新しい幼稚園教育要領、保育所保育所指針、幼保連携型認定こども園教育・保育要領が施行されるにあたり、その目指すところと、具体的にどのようにしていけばいいのかについてまとめています。園内研修にも使っていただけたらと思います。

今、保育実践に求められること
〜トリプル改訂（定）の目指すところは〜

　2017年3月に新幼稚園教育要領・保育所保育指針・幼保連携型認定こども園教育・保育要領（以下、「要領・指針等」と表記）が改訂（定）されました。この改訂（定）は、幼稚園・保育所・認定こども園それぞれの施設の特性を考慮しつつ、教育に関する部分の方向性を共通にしたもので、同時に改訂（定）されました。なぜならば、幼児期の教育は、子どもが在園している施設を問わず、全ての子どもが質の高い幼児教育を受けることができるようにすることを目指しているからです。

　改訂の中で目指されたことは、「社会に開かれた教育課程」です。幼稚園教育要領の中では、「よりよい学校教育を通してよりよい社会を創るという理念を学校と社会とが共有し、それぞれの幼稚園において、幼児期にふさわしい生活をどのように展開し、どのような資質・能力を育むようにするのかを教育課程において明確にしながら、社会との連携及び協働によりその実現を図っていくという、社会に開かれた教育課程の実現が重要となる」と示されています。子ども一人ひとりの資質・能力を育むことは、幼児教育関係者だけではなく、家庭や地域の人々も含めて、様々な立場から幼児や幼児教育に関わる全ての大人に期待されている役割であることを明示したのです。言い換えると、幼児教育関係の施設だけでなく、社会との目標の共有化と捉えることができます。

　環境を通して行うことを幼児教育の基本とすることについてはこれまでと同じですが、基本に関する文の中で、幼児期の教育における見方・考え方を生かすことや、教材の工夫について書き加えられています。保育者一人ひとりが、こうした改訂の趣旨をしっかりと受け止めながら、実践に当たるために、特に改訂（定）で示されたキーワードについて、少し説明しておきたいと思います。

育みたい資質・能力及び「幼児期の終わりまでに育ってほしい姿」について
〜どの園も共有すること〜

　目標の共有化は、幼・小・中・高の教育の一貫性についても大切にされ、それぞれの学校種の中で育みたい資質・能力や育ってほしい姿について明示しています。例えば、幼児教育の基本を踏まえて一体的に育むように示されている資質・能力は以下のとおりです（育みたい資質・能力及び「幼児期の終わりまでに育ってほしい姿」については、保育所保育指針、幼保連携型認定こども園教育・保育要領にもほとんど同様に示されています）。

育みたい資質・能力（三つの柱）

> (1)豊かな体験を通じて，感じたり，気付いたり，分かったり，できるようになったりする「知識及び技能の基礎」
> (2)気付いたことや，できるようになったことなどを使い，考えたり，試したり，工夫したり，表現したりする「思考力，判断力，表現力等の基礎」
> (3)心情，意欲，態度が育つ中で，よりよい生活を営もうとする「学びに向かう力，人間性等」

（赤下線は編集部による）

　そして、「幼児期の終わりまでに育ってほしい姿」は、資質・能力が育まれている子どもの卒園時の具体的な姿であり、保育者が指導を行う際に考慮するものであるとして、右のように示されています。

幼児期の終わりまでに育ってほしい姿(以下、本書で「10の姿」と表記)

(1) 健康な心と体
幼稚園生活の中で,充実感をもって自分のやりたいことに向かって心と体を十分に働かせ,見通しをもって行動し,自ら健康で安全な生活をつくり出すようになる。

(2) 自立心
身近な環境に主体的に関わり様々な活動を楽しむ中で,しなければならないことを自覚し,自分の力で行うために考えたり,工夫したりしながら,諦めずにやり遂げることで達成感を味わい,自信をもって行動するようになる。

(3) 協同性
友達と関わる中で,互いの思いや考えなどを共有し,共通の目的の実現に向けて,考えたり,工夫したり,協力したりし,充実感をもってやり遂げるようになる。

(4) 道徳性・規範意識の芽生え
友達と様々な体験を重ねる中で,してよいことや悪いことが分かり,自分の行動を振り返ったり,友達の気持ちに共感したりし,相手の立場に立って行動するようになる。また,きまりを守る必要性が分かり,自分の気持ちを調整し,友達と折り合いを付けながら,きまりをつくったり,守ったりするようになる。

(5) 社会生活との関わり
家族を大切にしようとする気持ちをもつとともに,地域の身近な人と触れ合う中で,人との様々な関わり方に気付き,相手の気持ちを考えて関わり,自分が役に立つ喜びを感じ,地域に親しみをもつようになる。また,幼稚園内外の様々な環境に関わる中で,遊びや生活に必要な情報を取り入れ,情報に基づき判断したり,情報を伝え合ったり,活用したりするなど,情報を役立てながら活動するようになるとともに,公共の施設を大切に利用するなどして,社会とのつながりなどを意識するようになる。

(6) 思考力の芽生え
身近な事象に積極的に関わる中で,物の性質や仕組みなどを感じ取ったり,気付いたりし,考えたり,予想したり,工夫したりするなど,多様な関わりを楽しむようになる。また,友達の様々な考えに触れる中で,自分と異なる考えがあることに気付き,自ら判断したり,考え直したりするなど,新しい考えを生み出す喜びを味わいながら,自分の考えをよりよいものにするようになる。

(7) 自然との関わり・生命尊重
自然に触れて感動する体験を通して,自然の変化などを感じ取り,好奇心や探究心をもって考え言葉などで表現しながら,身近な事象への関心が高まるとともに,自然への愛情や畏敬の念をもつようになる。また,身近な動植物に心を動かされる中で,生命の不思議さや尊さに気付き,身近な動植物への接し方を考え,命あるものとしていたわり,大切にする気持ちをもって関わるようになる。

(8) 数量や図形,標識や文字などへの関心・感覚
遊びや生活の中で,数量や図形,標識や文字などに親しむ体験を重ねたり,標識や文字の役割に気付いたりし,自らの必要感に基づきこれらを活用し,興味や関心,感覚をもつようになる。

(9) 言葉による伝え合い
先生や友達と心を通わせる中で,絵本や物語などに親しみながら,豊かな言葉や表現を身に付け,経験したことや考えたことなどを言葉で伝えたり,相手の話を注意して聞いたりし,言葉による伝え合いを楽しむようになる。

(10) 豊かな感性と表現
心を動かす出来事などに触れ感性を働かせる中で,様々な素材の特徴や表現の仕方などに気付き,感じたことや考えたことを自分で表現したり,友達同士で表現する過程を楽しんだりし,表現する喜びを味わい,意欲をもつようになる。

2017年改訂・2018年度より施行の幼稚園教育要領より(保育所保育指針、幼保連携型認定こども園教育・保育要領もほぼ同様)

資質・能力及び「10の姿」を育むためには…
主体的・対話的で深い学び…アクティブ・ラーニングの視点から、常に保育を改善していくことが必要

　主体的・対話的で深い学び…アクティブ・ラーニングの視点から保育を改善していくとは、どのように考えることでしょうか。

　それは、子どもの心がどれだけワクワク・ドキドキしつつ環境に関わっているか、子どもの学びを見極めながら保育を展開することです。子どもの主体的な環境との関わりから周りとの対話を生み出し、子どもなりのやり方で試行錯誤を繰り返す中で、遊びからの学びが深まっていきます。

　新しい要領・指針等の方向性について示されている中教審答申（2016年12月）の中に、幼児教育における「主体的・対話的で深い学び」の実現について、以下のように示されています。本書の中で大切にしている考えの基盤となります。常に心掛けて保育していきましょう。

中央教育審議会答申（2016年12月）
幼児教育における「主体的・対話的で深い学び」の実現

　幼児教育における重要な学習としての遊びは、環境の中で様々な形態により行われており、以下のアクティブ・ラーニングの視点から、絶えず指導の改善を図っていく必要がある。その際、発達の過程により、子どもの実態は異なることから、柔軟に対応していくことが必要である。

①周囲の環境に興味や関心を持って積極的に働きかけ、見通しをもって粘り強く取り組み、自らの遊びを振り返って、期待をもちながら、次につなげる「主体的な学び」が実現できているか。

②他者とのかかわりを深める中で、自分の思いや考えを表現し、伝え合ったり、考えを出し合ったり、協力したりして自らの考えを広げ深める「対話的な学び」が実現できているか。

③直接的・具体的な体験の中で「見方・考え方」を働かせて対象とかかわって心を動かし、子どもなりのやり方で試行錯誤を繰り返し、生活を意味あるものとして捉える「深い学び」が実現できているか。

（赤下線は編集部による）

アクティブ・ラーニングの視点から保育を改善するためには…
環境の構成を捉え直すことが必要

　保育の基本は環境を通して行う教育であり、遊びを通しての総合的な指導です。保育を改善するには、その環境をどう構成するかをより深く考えることが大切になります。

　ここで、今一度環境の構成について、実践に照らして整理してみます。P.7とそれに続くP.8～9の図を見て、学び取ってください。

　自然の豊かな地域の園では、起伏のある園庭もあるかもしれません。そこでは、身近にある自然を十分に生かすことこそが重要でしょう。しかし、自然の少ない地域では、園庭も狭く、プランターや植木鉢に花を植えるのがやっとという園もあります。都市部の園の中には、全園児が一度に園庭で遊ぶことは難しく、時間を区切って園庭で遊ぶ時間が設定されている園もあるでしょう。こうした様々な環境の中にある幼稚園・保育所（園）・認定こども園の保育者にとって、環境の構成・再構成の在り方は異なり、一律に在り方を述べることはできません。子どもの遊びの姿に応じて考えるのと同様に、園の置かれている環境条件に応じて異なることは言うまでもありません。園舎・園庭の環境はそれぞれ異なりますが、どの園でも様々な工夫がされています。その様々な工夫の具体的な内容は異なりますが、環境の構成を考える道筋は共通です。

　主体的・対話的で深い学びへと誘う工夫について、本書の事例でも、共通な道筋を示しています。その考え方の道筋を参考にしながらにあなたの園の環境を考慮に入れて、あなたらしい展開を工夫してみてください。そして、その保育を振り返り改善しながら❶子どもの姿の読み取り・評価➡❷保育者の願い➡❸保育の構想・計画➡❹環境の構成➡実践➡子どもの姿の読み取り・評価を向上を目指しつつ繰り返し、よりよい実践ができるように積み重ねていってください。期待しています。

環境の構成は、全てとつながっている！

　保育は大人の都合で子どもを動かすことではありません。「トントン前」「手はお膝」などと指導することはあっても、基本は子どもの姿・その実態が出発点であり、子どもが主役です。ここで示すのは、保育をするとき、まず保育者が考えることを順を追って整理したものです。

　環境の構成は、それだけが独立した大人の考えではありません。改めてそのことを確認し、次の頁とともに見て、自分の保育を見直し、常に改善を心掛けていきましょう。

次頁に続く

❶ 子どもの姿の読み取り・評価

　まずは、目の前での遊びや生活の様々な活動の中で、子どもたちは、どのようなことに興味・関心をもって活動を楽しんでいるのか、どのような力が身に付き、発達しているのかなど、子どもの姿から読み取ります。このようにして読み取った内容が、「子どもたちが経験している内容」であり、「遊びの中での学び」と言うこともできます。

❷ 保育者の願い

　こうして、子どもたちの興味・関心の方向や学んでいる内容を読み取ることができれば、保育の第一段階クリアです。一人ひとりの興味・関心や学びの状況から、発達を見通し、「こんなふうに伸びていくといいな」という願いを保育者はもちます。これは、一人ひとりの子どもに対する関わり方のよりどころとなります。一人ひとりの特性に応じた関わり方をすることができるようになるのです。

❸ 保育の構想・計画

　そして、保育者の願いを実現するためには、子どもたちがどのような活動を展開すればよいのか考えてみましょう。子どもたちの興味・関心から考えれば昨日と同じように遊ぶかもしれません。でも、新しい遊びや教材を取り入れれば、子どもたちがもっと夢中になって遊びを発展させ、豊かな学びにつながることも考えられます。これらを考えて、子どもたちそれぞれの主体的な遊びやみんなで遊ぶ活動などの展開を考えるのが保育の構想です。「ねらい」「内容」もこの中でまとめています。

　構想がまとまれば、具体的に子どもたちが展開する遊びの様子を予想し、その展開に必要な材料や用具など、必要なモノ・ヒト・コト全てを準備し、環境を構成します。

❹〜

　さあ、子どもたちは、保育者が構成した環境に、どのように関わっていくのでしょうか。保育者が予想したように周囲の環境に関わるかもしれません。また、全然異なった方向に展開するかもしれません。その姿を見ながら、「子どもたちは、こんな動きや活動を楽しんでいる」「こんな学びにつながっている」などと、子どもが楽しんでいる内容や思っていることなどを感じ取ってください。

　そして、子どもたちの姿に応じて、「それじゃあ、こんな援助をすればもっと発展するかな？」「学びが広まったり深まったりするために、環境をこんなふうに変えてみよう」などと考えてみましょう。これが「環境の再構成」です。

　その結果、子どもたちの活動の姿はどのようになっていったでしょうか。「子どもたちの遊びは、こんなに広がった！」でしょうか。園生活の中で、子どもたちは、多様な関わりをし、多様な学びの可能性をもっているのです。そして、「子どもたちの学びは、こんなに深まった！」と感じられれば、子どもの学びが豊かになった証拠です。子どもの成長は、保育の充実の証です。幼児期に育みたい資質・能力や、幼児期の終わりまでに育てたい姿は、こうした保育の積み重ね（向上を目指す循環）によって育まれていくのです。

環境の構成は幼児教育の基本
幼児教育・保育の基本は、環境を通して行う教育!

保育者が保育をどのように展開していこうかと構想し、環境の構成をどのように考えるのでしょうか。この図から読み取り、改善に生かしましょう。

前頁の続き

❶子どもの姿の読み取り・評価

子どもの姿を捉えよう！
- 興味・関心は？
- 発達は？

子どもの姿の読み取り・評価

子どもの姿を捉えよう！
- 興味・関心は？
- 発達は？

❷保育者の願い

子どもの育ちを見通してみよう！
- こんなふうに育ってほしいな。

❸保育の構想・計画

どのような遊びならば、子どもたちが夢中になるか考えよう！
- 子どもの発達を促すポイントは？
- 教材はどのようなものにしようか（遊びや活動の種類も含む）。
- 園の指導計画との関係も確認しよう。→要領・指針等が示す「ねらい・内容」などにもつながる。

❹環境の構成

子どもが主体的に関わりたくなる環境を考えよう！
- 子どもの興味・関心や発達を考えると、どんな遊びの展開になるのかな？
- その展開に必要な環境は？（どのような材料、用具、どのように置こうか）。
- どんな援助が必要かな？

子どもが関わりたくなる環境は？

主体的に ➡ 周囲の環境に関わる

対話的に
➡誰と？ → 友達・保育者と
　　　　 → 物と　　　　　→ 深い学び
　　　　 → 自分と

主体的・対話的で深い学び

保育は子どもの姿の読み取りと、環境の構成の循環ね!!

こんなふうに考えるのか…

プロローグ──新しい保育の展開を！

幼児教育・保育、環境の構成をどのように考えていけばよいか、子どもの姿と関連させて流れを示しています

【いつも意識しておくこと】

育みたい資質・能力及び幼児期の終わりまでに育ってほしい姿

- 健康な心と体
- 自立心
- 協同性
- 道徳性・規範意識の芽生え
- 社会生活との関わり
- 思考力の芽生え
- 自然との関わり・生命尊重
- 数量や図形、標識や文字などへの関心・感覚
- 言葉による伝え合い
- 豊かな感性と表現

知識及び技能の基礎
（豊かな体験を通じて、何を感じたり、何に気付いたり、何が分かったり、何ができるようになるのか）

思考力・判断力・表現力等の基礎
（気付いたことや、できるようになったことなどを使いながら、どう考えたり、試したり、工夫したり、表現したりするか）

学びに向かう力、人間性等
（心情、意欲、態度が育つ中で、いかによりよい生活を営むか）

子どもの学びの豊かさ・変容＝保育の充実

❺実践する中で　その後で…

（子どもの姿の読み取り・評価も）

- 子どもたちの遊びは、こんなに広がった！＝多様な関わり・多様な学びをする可能性。
- 子どもたちの学びは、こんなに深まった！

（子どもの姿の読み取り・評価も）

主体的・対話的な環境への関わりの中で
- 子どもたちは、こんな動きや活動を楽しんでいる。
- こんな学びにつながっている。
- もっとこうすれば…？

環境の再構成

こんな援助をすればもっと発展するかも！
- 学びが広がったり深まったりするかな？
- そのために、環境を子どもたちとともにこんなふうに変えてみよう。

環境の構成（再構成）が的確であれば、保育の質が保障できるのです。

P.16〜P.111

本書の実践事例ページ 見所・生かし方（1・2ページ目）

最初の1・2ページ目は、P.7〜8の❶❷❸（4）にあたると考えてください。

一つの実践事例を4ページ単位で紹介。3・4・5歳児の各年齢で春夏秋冬計8事例です。合計24人の実践事例を掲載。どれも学び所の多い「私の保育」です。

子どもたちの今を捉えることが保育のスタート。
どんな様子？ 何に興味がある？ 何に夢中なの？
できるだけ多様な姿を捉えていきます。
子どもの姿に保育者の願いを重ね、ねらいと内容を導き出しました。

主体的・対話的な深い学びを生み出す環境構成のポイント。

ねらいを達成するために、環境をどうしようか、保育者はいろいろ考えているところです。
クラスの子どもたちの顔を思い浮かべながら過ごす、この時間がとても大切で楽しいです。

実践例によって、盛り込まれることには違いがあります。
「水たまりを見つけて遊ぼう」（3歳児 夏の実践事例 その1＝P.24〜）は、子どもの動きから構想を練ることに重点を置いています。「土粘土で遊ぼう」（4歳児 秋の実践事例 その1＝P.64〜）は、土粘土の感触を楽しみ、自由な表現を楽しむための環境づくりについてまとめています。
共通しているのは、『そうだ！』『そうか！』などと、構想を練っているところです。
各ページの特色もお楽しみください。

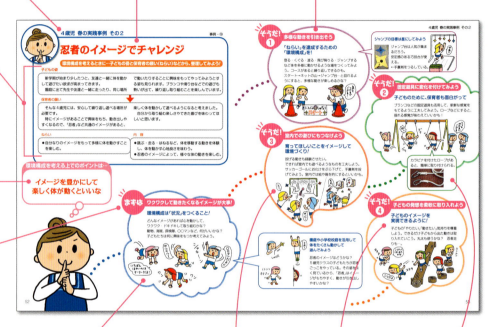

その季節ならではの遊びです。
子どもたちが夢中になる遊びを選びました。

「多様な動きを引き出す」ためのアイディアを紹介しています。
環境を通しての教育では「多様な動き」をイメージすることが必須です！

子どもたちが、生き生きと遊んでいる様子を想像しながら場づくりのアイディアなどを練っていきます。
いろいろなタイプの子どもの動き（すぐに飛び付いてくる、ゆっくり取り組み出すなど）を想像することが大事です。
一人ひとりへしっかりまなざしを向けた計画を立てていきましょう。

戸外・室内両方で行えることを考えています。
経験がつながることで、遊びが深まっていきます。

役立つ道具や材料の情報も掲載しています。

夢中になって遊び出すと、子どもたちは積極的に動き出します。その動きは止めたくないですね。
環境づくりのポイントは、「子どもの動きを受け止める」こと。
プランを考えるときにも、「子どもたちはこんなこともするかな？」と、想像しておくといいですね。

プロローグ ── 新しい保育の展開を！──

（3・4ページ目）

※24事例を一つずつ「事例研究」として、園内研修の資料としていただくのもよいでしょう。

3ページ目は、いよいよプランを実現していくときです（P.8～9の④⑤にあたる）。**誌上で公開保育!!** としました。どこに何を置いたのか、保育全体の様子が分かるように、環境図に具体的に記入しています。子どもの動線や、遊びと遊びのつながりを考えて環境をつくっています。なぜその場所にしたのか、位置関係はどうなっているのかなど、**環境構成（再構成）のポイント**が伝わるように願っています。援助についても詳しく書きました。

イメージが湧きやすいように、図と写真を掲載しています。参考にしてください。

環境構成のヒントを具体的に載せています。これはないけれど、代わりに○○が使えそう！　などと、自園ならではのプランを考えるヒントにしてください。

4ページ目は、「**主体的・対話的で深い学び**」に向けてのヒントとしての、応用・発展のページです。
学びが深まり、広がるようなヒント・教材の紹介、同じテーマでほかの学年ならこんな遊びという紹介など、各実践例によって盛り込む内容は違います。豊かな保育の創造に役立つ情報を載せています。どうぞ活用してください。

実際に子どもたちと一緒に作り出した遊びの中のアイデアを紹介しています。

ねらいが達成できるように、**環境と指導の工夫を記載しています**。環境を考える際に、安全面への配慮は欠かせません。

環境の再構成のポイントです。子どもの興味や関心を捉えて環境を変えていきます。

さらに動きが引き出されるような環境の工夫を提案しています。「スポンジを挟むと音がきれいに出る」という記述がありますが、ちょっとした工夫で効果が大きく変わる、大切な視点です。

「こんなふうにやってみませんか？」は、最後の呼び掛けです。この実践を行う際のツボのようなものです。**保育者として大切にしたい思いや姿勢をまとめました。**

他学年の活動や環境の例を紹介しているところもあります。発達によって、同じテーマでも遊び方や環境が変わります。

11

あしたの保育が楽しくなる実践事例集
ワクワク！ドキドキ！が生まれる 環境構成

- はじめに ……………………………………………………………………………… 2
- 園の先生方へ／未来の保育者へ ……………………………………………………… 3

プロローグ
- 本書の活用にあたって—**新しい保育の展開を！**—トリプル改訂にあたってどうするかを考える ……… 4
- 環境づくりは幼児教育の基本 ………………………………………………… 8
- 本書の実践事例ページ 見所・生かし方 …………………………………… 10

3・4・5歳児の実践事例 春・夏・秋・冬 ……… 15

3歳児…P.16〜47 …実践事例のタイトル、環境構成を考える上でのポイント、主体的・対話的で深い学びに向けてのヒント

3歳児 春の実践事例 その1
- 事例① **園生活の始まり** 安心して過ごせるようにしたいな ……………………………… 16
  - 楽しいね！ が広がるように ……………………………………………… 19

3歳児 春の実践事例 その2
- 事例② **こいのぼりを作って遊ぼう** 楽しいなと思えるようにしたいな ……………… 20
  - こいのぼりで遊ぼう・こいのぼりを作ろう ……………………………… 23

3歳児 夏の実践事例 その1
- 事例③ **水たまりを見つけて遊ぼう** 今しか味わえないことを思い切り楽しめるといいな …… 24
  - 水たまりで もっと遊ぼう！ …………………………………………… 27

3歳児 夏の実践事例 その2
- 事例④ **カメさんを作ったら動き出した！** 伸びやかに表現するためにはどうすればいいかな … 28
  - 美しさや味わいが感じられる楽しい活動の工夫 ………………………… 31

3歳児 秋の実践事例 その1
- 事例⑤ **落ち葉で遊ぼう** 触れて感じて 遊べるようにしたいな ……………………… 32
  - 秋は自然物がいっぱい！ 全身で感じよう ……………………………… 35

3歳児 秋の実践事例 その2
- 事例⑥ **いろいろな動きを楽しもう** 体をいっぱい動かして遊べるようにしたいな ……… 36
  - こんな工夫で、楽しく体を動かそう！ …………………………………… 39

3歳児 冬の実践事例 その1
- 事例⑦ **砂場で『3匹のヤギ』ごっこね！** 思い付いたことをいろいろに表現して楽しめるといいな … 40
  - 「〜のつもり」をもっと楽しめるアイディアあれこれ ………………… 43

3歳児 冬の実践事例 その2
- 事例⑧ **風を感じて 風で遊ぼう** 自然現象に気付いて 遊びに取り込むことを大切にしたいな … 44
  - 身近な自然の不思議で遊ぶチャンスいろいろ …………………………… 47

CONTENTS

4歳児…P.48〜79 …実践事例のタイトル、環境構成を考える上でのポイント、
　　　　　　　　主体的・対話的で深い学びに向けてのヒント

　4歳児　春の実践事例　その1
事例⑨ **大きな虫に変身** イメージをもちながら表現を楽しんでほしいな ……………… 48
　　こんな小道具があれば表現がもっと楽しくなる……………………………………… 51

　4歳児　春の実践事例　その2
事例⑩ **忍者のイメージでチャレンジ** イメージを豊かにして 楽しく体が動くといいな ……… 52
　　もっと工夫できそう! 他学年では?………………………………………………… 55

　4歳児　夏の実践事例　その1
事例⑪ **色水って楽しいな** 多様な色の美しさを たっぷり楽しめるようにしたいな ……… 56
　　子どもたちの心を引き付ける色水遊び……………………………………………… 59

　4歳児　夏の実践事例　その2
事例⑫ **ダイナミックな水遊び** ワーワー! キャーキャー! 水の面白さを味わえるようにしたいな … 60
　　水と もっと親しめるように 5歳児では?…………………………………………… 63

　4歳児　秋の実践事例　その1
事例⑬ **土粘土で遊ぼう** 土粘土の感触を味わって 思い切り表現を楽しめるといいな ……… 64
　　いろいろな粘土のこと、もっと知ってみよう………………………………………… 67

　4歳児　秋の実践事例　その2
事例⑭ **サーキットで遊ぼう** 繰り返し取り組み いろいろな運動を楽しめるようにしたいな … 68
　　いろいろな動きを引き出す遊びのヒント…………………………………………… 71

　4歳児　冬の実践事例　その1
事例⑮ **ごっこ遊びから発表会へ** なりきる楽しさを存分に味わい 演じる楽しさへつなげたいな … 72
　　表現をもっと楽しめるようになる 子どもと作るアイディアあれこれ………………… 75

　4歳児　冬の実践事例　その2
事例⑯ **地域の方にいただいたタイヤで遊ぼう** いただいた物を うまく生かしたいな …… 76
　　地域からいただいた物で、環境も遊びも豊かにしよう……………………………… 79

5歳児…P.80〜111 …実践事例のタイトル、環境構成を考える上でのポイント、
　　　　　　　　主体的・対話的で深い学びに向けてのヒント

　5歳児　春の実践事例　その1
事例⑰ **チョウの成長を楽しみに** 小動物の命に向かい合って 感動する体験にしたいな ……… 80
　　飼ってみよう、身近な生き物………………………………………………………… 83

　5歳児　春の実践事例　その2
事例⑱ **チームで競い合うゲーム遊び** スリル感と 力を合わせる楽しさが 味わえるようにしたいな · 84
　　運動量を増やそう たくさん動いて楽しむための工夫……………………………… 87

5歳児 夏の実践事例 その1
事例⑲ 楽器を作って演奏会 音を見つけて 音を作って楽しめるといいな ……………… 88
身近な物で楽器を作ろう ……………………………………………………… 91

5歳児 夏の実践事例 その2
事例⑳ プールで遊ぼう やってみて できる喜びを感じられるといいな ………………… 92
それぞれの年齢に応じた遊び ……………………………………………… 95

5歳児 秋の実践事例 その1
事例㉑ おいしい焼きイモを作ろう! 育てた物を食べる喜びを感じてほしいな ………… 96
食べるだけではなく、もっといろいろ遊べるよ ………………………… 99

5歳児 秋の実践事例 その2
事例㉒ 地域の環境を生かした遊び 環境との豊かな関わりを大切にして遊べないかな …… 100
身近な環境をワクワクワールドに変身させるアイディア紹介 ………… 103

5歳児 冬の実践事例 その1
事例㉓ 思い出のカレンダー作り 園生活を振り返り 成長できたことを実感できるといいな … 104
成長の節目に出会う様々な活動 …………………………………………… 107

5歳児 冬の実践事例 その2
事例㉔ 自分の力に挑戦 友達と刺激し合い 育ち合えるようになっているかな ………… 108
チームで遊ぶ楽しさを味わおう! 心も体も元気いっぱい! ……………… 111

参考 関係法令等(抜粋)幼稚園教育要領／保育所保育指針／幼保連携型認定こども園教育・保育要領・総則 ‥ 112

よくわかる!! 環境構成の解説 ……………………………… 113

『保育の基本＝環境構成を学ぶ』 岡上直子
Ⅰ 環境の構成とは …………………………………………………………… 115
Ⅱ 環境を構成する際の基本的な考え方、配慮点(全幼研による、文部科学省委託研究より) …… 122

3・4・5歳児の実践事例 春・夏・秋・冬

3歳児の実践事例…P.16〜47
4歳児の実践事例…P.48〜79
5歳児の実践事例…P.80〜111

担当した24人の保育者が、子どもの姿から紡ぎ出した「環境構成を考える上でのポイント」に注目！そこからの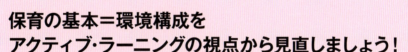を見て、次頁の実践、そしてもっと深めるには…というヒントが満載です。

保育の基本＝環境構成を
アクティブ・ラーニングの視点から見直しましょう！

　幼稚園も保育所（園）も幼保連携型認定こども園も、保育とは環境を通して行うものであることは、P.112に示した関連の規定からも明らかです。その環境を構成することは、保育の基本となります。

　保育の質を向上させるには、その基本である環境構成を保育者側の都合などからではなく、子ども中心に考え直し、捉え直すことが必要ということになります。それが「アクティブ・ラーニングの視点から保育を見直す」ことにつながります。

　ここに示す24の実践事例は、P.10〜11に図示したように、「環境構成」を中心に、より子どもたちの「主体的・対話的で深い学び」につながるようにと考えて実践したものを掲載しています。これが正解というのではなく、子どものために様々なことを楽しく考え巡らせているところや、子どもの反応によっては、そのように考えた環境も子どもたちとともに再構成しているところなどから、様々に読み取っていただければと思います。

3歳児 春の実践事例 その1　　事例-①

園生活の始まり

環境構成を考えるときに…子どもの姿と保育者の願い（ねらい）などから、整理してみよう！

子どもの姿

入園まで家庭で過ごしていた子どもたちは、初めての集団生活を前にして、期待と不安が入り混じっています。保育園などで集団生活を経験してきた子どもも、一緒に過ごす子どもの人数が多くなり、不安な様子が見られます。その気持ちは保護者も同じようで、「遊べているかしら？」と不安そうに様子を見ている姿も見られます。

保育者の願い

子どもたち一人ひとりの在り方を大切にしながら、無理をせず、ゆっくり慣れていけるように援助していきたい。「園ってどんな所？」という気持ちで走り回る子どももいるだろう。動き出せず保育者のそばから離れない子もいるかもしれない。5歳児との関わりで安心する子どももいるだろう。保育者間で連携を取り、安心して過ごせる時間を増やしていきたい。

ねらい
- 園に少しずつ慣れ、楽しい所と感じる。
- 好きな遊びを見つけて楽しむ。
- 春の自然を感じる。

内容
- 保育者や5歳児と触れ合い、好きな場所で過ごしたり、遊んだりする。
- 身近な草花や小動物を見たり、触れたりする。

環境構成を考える上でのポイントは…

安心して過ごせるようにしたいな

まずは 入園前の様子を知っておこう

子どもたちを知る努力

- 入園前に提出された書類などに目を通して、体の状態・興味関心のある遊び・近所の友達など一覧表にして見やすく整理しておこう。
- 一日入園で遊びに来たときの様子を思い出してみよう。個々の子どもの特徴などを参考に関われるといいかな。
- 入園前の保護者面談のときに聞いた家庭生活の様子や名前の呼び方（愛称）などを参考に、親しみがもてるような関わり方ができるといいな。

3歳児 春の実践事例 その1

そうだ！ 保育者が心のよりどころ

まず、子どもに寄り添う

- 園では保育者が心のよりどころでありどの子どもにとっても「私の先生」。「おはよう」と一人ひとりに声を掛け、優しいまなざしで関わりたい。
- 「おうちにかえりたい」と泣く子、「はやくあそぼう」と園庭に行く子など、入園当初は様々な行動をするので、ほかの保育者の協力もお願いしながら、園全体で子どもの行動を見るようにしたい。

そうだ！ 家庭の遊びも取り入れて準備しよう

子どもが好きなものは？

子どもたちが自然に遊び始められるように、家庭でも遊んでいたと思われる積み木・電車・ブロック・ままごと・砂遊びなどのコーナーを準備しておこう。

そうだ！ 自由に出入りができるような遊びの場が必要かな

すぐに遊び出せるように

- 床にじゅうたんなどを敷いて遊ぶことで、安定し自由に出入りができる雰囲気を醸し出すことができるだろう。
- その場に集まって遊べる人数が制限されないので、人数に応じて場を広げることもできるのでいいかな。
- 誰かが遊んでいたかのように、遊びかけの状態にしておこう。

そうだ！ 自然に触れ、心が和む

自然物を環境構成に取り入れて

- 園で飼育しているウサギ、カメやキンギョなどの生き物との出会いが、不安定な子どもの心を和らげてくれるので、目に付く所に置こう。ウサギに食べさせるニンジンや、鯉の餌などを準備しよう。
- 園庭の草花にも目を向け、散歩しながらクローバーやタンポポを摘んだりできると心が和むかな。
- サクラの花びらが散る様子やタケノコが伸びている様子なども一緒に見たいな。

そうだ！ 年長さんと一緒に遊ぼう

子ども同士のつながる力も

- 不安定なこの時期、5歳児が朝の身支度・降園準備など手伝ってくれることで、安心できる子どももいるよね。毎日いろいろ人が変わると不安定になるので、無理をしないように5歳児の保育者と相談しながら、安定している子どもを中心にペアを組んでみよう。
- 園庭の散歩・砂遊び・総合遊具などの運動遊びや室内でのブロック・積み木・ままごとや絵本などの環境構成や安全に気を付けた環境の整備をしておこう。

誌上で公開保育!!
前ページの環境構成のポイントや担当保育者の **そうだ!** などを見ながら、この園での実際の保育をイメージして、学び取りましょう!

私の園の環境図

環境と指導の工夫

- 朝の出会いが大切なので、個々の子ども・保護者と挨拶をしながら、笑顔で迎える。
- 自分のかばんを置く場所が分からないなど、不安定になる子どももいるので、個々に声を掛けたり、5歳児に手伝ってもらうなど、安心できるようにする。
- 安心して遊べるように、家庭でよく使っていたなじみのあるブロックや積み木・車・ぬいぐるみ・人形・ままごと道具などを準備する。
- 興味のある物で遊びが始められるように、積み木を積んでおいたり、人形を寝かせておいたりなど、遊びやすい雰囲気を醸し出すようにする。
- よく見える位置に、ウサギやダンゴムシなどの生き物を置き、餌などをやりながら、気持ちが和むようにする。
- 園の環境を十分生かし、園庭の草花や木々や土手など、安全に配慮しながら、行っていい所や摘んでもいい草花など、職員間で共通理解をしておく。
- 5歳児とペアを組み、朝の身支度や降園の支度などのお世話をしてもらったり、一緒に遊んだりし、安心して過ごせるように5歳児の保育者と連携しながら進める。嫌がる子どもには、無理に働き掛けないで様子を見る。

取り組みの様子（遊びの様子）

- 泣きながら登園して来た子も、ウサギやキンギョを見ると泣きやむ。「ウサギさんがおはようと話してるね」などと声を掛け、準備しておいたニンジンなどの餌をやりながら、「あしたもウサギさん、いる?」と表情が和らぐ。
- 自分が興味のある遊びの場に行き、自由にブロックや積み木を積んだり、車を動かしたりしている。近くにいる子どもとは話すこともなく、それぞれの遊びをしている。
- 人形を抱っこしたり、ぬいぐるみを手に持って歩いたりする。自分の気に入った物は離そうとしない子もいる。
- 園庭を走り回り、滑り台や鉄棒・砂場などを転々としながら遊ぶ。
- 5歳児に付いて歩き、園庭の散歩や斜面を登ったり、サクラの花びらをポリ袋に集めてまいたり、タケノコを採ったりなど、一緒に行動することを楽しむ姿が見られる。タケノコの皮のむき方を教えてもらい、「かわでいっぱいだ」と楽しむ姿も見られる。
- 保育者の周りに集まり、保育者に話し掛ける子、同じ遊びをする子、手を離そうとしない子など様々である。

環境の再構成

- 少し慣れてきた頃に、どのクラスからも集まれるホールが真ん中にあるので、5歳児が踊っている簡単な曲を準備し楽しめるようにする。

- テラスの環境を生かし、近くのクラスと自然に交われる場や、机や椅子を置いて、ほっとできる安定の場にする。

3歳児 春の実践事例 その1

主体的・対話的で深い学びに向けてのヒント

楽しいね！が広がるように

応用・発展ほか

身近な自然に目を留めて

◆ダンゴムシを見つけよう
石や落ち葉の下を探してみよう。ダンゴムシをそっと持ってみよう。コロンと丸くなるのがかわいいね。

◆花を摘んで遊ぼう
野の花を摘んで飾りにしたり、色水を作ったり。水が入っているペットボトルに入れて揺らすと、水中花のようにきれい。

何かになる楽しさが味わえる変身グッズ

◆変身ベルト
手や腰に巻き付けると、ヒーローに変身！ そこにブロックを差し込むと、アイテムを装備したみたいになる。

綿テープの両端にマジックテープを貼るだけです。このままでも結構遊べます。

◆変身マント
カラーポリ袋で作ったマント。肩に掛ければヒーロー。腰に巻けばお母さん…。引きずると危ないので、短めに作ろう。

園が楽しい！のための工夫

園にいる安心感につながる。園環境や友達の存在への興味にも。

◆牛乳パックで作った小さなカゴ
写真のような牛乳パックのカゴを作って園庭や戸外に出てみよう。

◆絵本棚に同じ本
同じ絵本を一人に1冊。二人並んで見ていると、「おんなじね」と笑顔になれる。

◆カラフルソーセージ
カラー軍手の指の部分を切って綿を詰め、閉じる。フワフワの感触と、食べ物という身近さからか、この時期の人気アイテム。

こんなふうにやってみませんか？

集団生活の初めに不安を感じるというのは、ごく自然なこと。不安な気持ちを受け止めた上で、大丈夫だよというメッセージを出し続け、楽しい時間を重ねる中で、子どもたちはゆっくり安定していく、そのプロセスを大切にしましょう。

3歳児 春の実践事例 その2

事例-②

こいのぼりを作って遊ぼう

環境構成を考えるときに…子どもの姿と保育者の願い（ねらい）などから、整理してみよう！

子どもの姿

入園して3週間が経ち、園生活の楽しさを感じ好きな遊びを楽しみ始めています。一方で、まだ不安な表情を見せる姿も見られます。
そんな子どもたちも、園庭に大きなこいのぼりが飾られると、近くに行ってよく見たり、「こいのぼりさ〜ん」と呼び掛けたり、「おおきいね」と喜ぶ姿が見られます。不安で泣いていた子どもも、こいのぼりを見ると笑顔を見せていました。

保育者の願い

子どもたちが興味をもったこいのぼりを作る喜びや、作った物を使って遊ぶ楽しさを味わえるように。保育者やほかの子どもたちと同じ物を持つことで、「同じだね」という気持ちがもてるように、と思います。

園生活に不安を感じている子も、こいのぼり遊びを通して園って楽しいと思えるようにしていきたいと考えています。

ねらい

- こいのぼりに興味をもち、作って遊ぶ楽しさを知る。
- 風の心地良さや体を動かして遊ぶ気持ち良さを味わう。

内容

- こいのぼりの作り方を知り、自分のこいのぼりを作る。
- 自分で作ったこいのぼりを持って、思い切り園庭を走る。

環境構成を考える上でのポイントは…

楽しいなと思えるようにしたいな

 はじめに！ こいのぼりを見よう！

お魚が空にいるよ！

園庭の子どもたちがよく見える場所にこいのぼりを飾ろう。
子どもたちと一緒にこいのぼりがよく見える場所に行って、見上げるようにしよう。
こいのぼりの歌をうたうのもいい。
風を受けて泳ぐこいのぼりを見てワクワクしたり、こいのぼりになったつもりでうれしくなったりしている子どもの気持ちを大切にしよう。

3歳児 春の実践事例 その2

どんな? どんなこいのぼりがいいかな

好きな色で、好きな大きさで、好きな模様で!

こいのぼりがイメージできるように、形は作っておこう。
ウロコは何で作ろうか? 大きさは?
自分で好きな色を選べるように、台紙の色はいくつかの色にしよう。
のりを使う経験も大事にしたいけれど、作ってすぐ遊ぶということを考えるとシールもいいかもしれない。塗りたい子のためにクレヨンも用意する。
シールをいろいろな形に切っておくのもいいかも。
こいのぼりは目が命。黒目がはっきり見えるように作っておこう。
子どもと一緒に貼ってもいいよね。

一枚の紙で

袋状にして

いろいろな大きさで3〜5色用意すると、選べて楽しい。

● こいのぼりの目玉を用意しておく。

いろいろな形に切った色とりどりのシール。

そうだ! みんなで走ろう!

こいのぼり、泳ぎたいみたい!

作ったらすぐに持って走りたくなるだろうな。
外に出て走れるようにしたい。
園庭ではほかの遊びも行われているだろうから、互いにぶつかることがないように、前をしっかり見て走るように声を掛けながら、保育者も一緒に走るようにしよう。
ほかのクラスの先生たちにも伝えておいて、一緒に見てもらえるようにしよう。

自分のこいのぼりがあったらいいね!

園庭に出ると、子どもたちの表情が明るくなる。
若葉が気持ち良く感じる季節だから、子どもたちが手に持って走り回れるようなこいのぼりができたらいいな。
園生活の楽しさが味わえるきっかけになるかもしれないな。
「同じ物を持つ」ということは、人と人のつながりをつくるきっかけにもなるはず。

そうだ! 遊んだ後は…

こいのぼりのおうちだね!

思い切り遊んだ後にあしたもまたやりたい! という気持ちが生まれるようにしたい。
自分のこいのぼりを自由に出し入れできるように置く場所があると、遊びが続いていくと思う。 例えば…

● つい立てに、こいのぼりハウスを作る。移動できるつい立てを園庭に置けば、自分で取り出し、こいのぼりを持って走り出すなど、動きが引き出される。

名前を書く。
封筒に窓やドアを描き、屋根の形の絵を貼る。

遊んだこいのぼりをしまう場所。

● こいのぼり山を作ってそこに差していく。こいのぼりが集まっている感じが楽しい!

雑貨屋さんなどで手に入るカゴ。

牛乳パックの回りを茶色の紙で包んで、上に穴をあけておく。

誌上で公開保育!! 前ページの環境構成のポイントや担当保育者の「そうだ!」などを見ながら、この園での実際の保育をイメージして、学び取りましょう!

私の園の環境図

こいのぼりを作って遊ぶ環境として

- 色画用紙を切った、こいのぼり形の台紙(大・中・小、3〜5色)。
- いろいろな形に切った、色とりどりのシール。
- クレヨン

作りたくなった子どもから取り組めるコーナーにしよう。

先端に円く切った金紙2枚で挟んで貼り、名前を書くようにしよう。

広告紙を巻いて作った棒は、用意しておこう。こいのぼりが出来上がった子どもに渡していこう。

子どもと一緒に、セロハンテープでこいのぼりを付けよう。

外に出る

- 一緒に走り回って遊ぼう。
- 遊び終わったら、こいのぼりをしまおう。

園庭に、こいのぼりハウスのつい立てを置いておこう。

環境と指導の工夫

- 保育室内には、遊びのコーナー(ままごと・ブロック・積み木・絵本・製作)を設置しておく。製作コーナーのテーブルをいつもより広く用意しておき、そこにこいのぼり作りの材料を置く。
- 登園後、それぞれに遊び出す様子を見守ったり、「今日も○○するのかな」と声を掛けたりして、遊び出しのきっかけをつくる。
- あらかじめ保育者が作ったこいのぼりを製作コーナーに置き、興味を示した姿を捉えて、「先生が作ってみたのよ」「庭のこいのぼりの赤ちゃんかな?」と、声を掛けながら動かして見せる。
- 「つくりたい」という声を受け止めて、作り方を伝え、一緒に作り始める。
- シールは多くの色を用意しておき、自分で選んで貼れるようにする。こいのぼりを付ける棒(広告紙などで作る)を用意しておく。安全のためにも、棒の先端は丸く切った金紙で挟んで貼っておく。
- 保育室前の園庭を広く空けておき、出来上がったこいのぼりを持って走り出せるようにする。ほかの遊びとの兼ね合いを見て、場を調整する。
- こいのぼりが風を受けて泳ぐ様子を見たり、子どもがこいのぼりを持ち風を受けて走ったりする機会をつくり、心地良さを感じられるようにしていく。

取り組みの様子(遊びの様子)

- 自分で選んだシールをウロコのように貼り始めると、夢中になって貼り続ける。色とりどりに貼ったり同じ色だけ選んで貼ったり、きれいに並べて貼ろうとするなど、子どもによってこだわる部分は違う。
- 保育者や友達の様子を見ているが、「作る?」と聞くと首をかしげる子どもがいる。
- 一つ作ると、「もうひとつつくりたい」という声が上がる。
- 出来上がるとうれしそうにするが、どうしていいか分からないような様子も見られる。
- ➡ 保育者が自分で作ったこいのぼりを持って走っている姿を見ると、自分もこいのぼりを持って走り、楽しむ。
- 園庭のこいのぼりを見て、「ひらひら(吹き流し)がある!」と気付く。

環境の再構成

- 「ひらひら(吹き流し)は何色かな?」と子どもたちに問い掛けながら、5色(青又は緑・赤・黄・白・黒又は紫)の紙テープを用意する。15cmくらいに切り、好きな色を選んで棒の上部に貼り付けられるようにする。
- 保育者と一緒に手をつないで走ったり、保育者のこいのぼりを手渡ししたりして、同じ楽しさを味わえるようにする。
- 大半の子どもがこいのぼりを作り上げて外に出たら、保育室前のテラスに机を移動し、作る子どもの様子を見ながら、動いている子どもたちにも目が配れるようにする。

3歳児 春の実践事例 その2

主体的・対話的で深い学びに向けてのヒント

こいのぼりで遊ぼう・こいのぼりを作ろう

応用・発展ほか

こいのぼりの中に入ってみたら（3・4歳児）

こいのぼりを空に泳がせる前に、特別に中に入ってみようということに…。
大切なこいのぼりなので、慎重に入る。
こいのぼりのウロコの模様を中から見ると、格別に美しくて、感動！
ちょっとした冒険の気分も味わえる。

スプレーで染め上げたこいのぼり（5歳児）

①保護者に呼び掛けて古いシーツを大量に集める。
②絵の具を薄めに溶いて色水を作る（ペットボトルに入れておく）。色水をスプレー容器に入れる。
③集めたシーツを園庭に張り巡らして、スプレーや筆で色を付けていく。汚れてもよい服装で行う。
④たくさん染め上げ、日に当てて乾かす。
⑤後日、保護者ボランティアを募り、染め上げた布で大きなこいのぼりを作る。

こいのぼりいろいろ・魅力それぞれ（4・5歳）大きなこいのぼりを作るなら！

◆カラーポリ袋で作る
透明感と軽さは一番！
よく風になびく！
3～4枚をつなぐ。
違う色のポリ袋をウロコの形に切る。
ウロコの模様や接着はビニールテープなどで。

目は違う色のカラーポリ袋。
カラーポリ袋の下を切る。
尻尾の形に切る。
セロハンテープでしっかりと留める。

◆ベックス紙で作る
質感は布みたい。
これもよく風になびく！
ちょうどよい大きさに切る。ウロコ模様は、クレヨンや絵の具で。個性的なこいのぼりができる！

クレヨンで描いた後絵の具で塗ると、はじき絵になる。

伸び伸び遊んで作るなら！

◆フィンガーペインティングで遊んだ後に…
たっぷりフィンガーペインティングで遊んだ後に、模造紙を載せて絵の具を写し取る。
いい感じに染め上がる。
もちろん、そのまま手形で模様を付けてもいい。

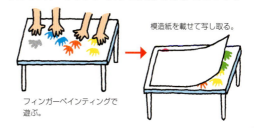

フィンガーペインティングで遊ぶ。
模造紙を載せて写し取る。

こんなふうにやってみませんか？

活発に動き始めてきた子どもたちの思いと重なるように、解放感が感じられるこいのぼり遊びにしましょう。作りたくないという子には、保育者が作ったこいのぼりを渡して一緒に遊んでみましょう。楽しさの共有を第一に。

3歳児 夏の実践事例 その1

事例-③

水たまりを見つけて遊ぼう

環境構成を考えるときに…子どもの姿と保育者の願い（ねらい）などから、整理してみよう！

子どもの姿

前日雨が降った園庭には何か所かに水たまりができています。梅雨の合間に射す太陽の下、水たまりを見つけた3歳児が、水や泥と触れ合いながら、遊びに集中している姿が見られました。

子どもにとって、水がたまっている場所はふだんの様子と異なる印象があり、大変魅力を感じているようです。

保育者の願い

水たまりや泥水に対して、汚れや不衛生感を気にして敬遠される遊びという捉え方もあります。しかし、乳幼児期にこそ気持ちを解放させ、さまざまな発見や気付きがもてる泥水遊びを活動として取り入れていきたいと考えます。また、友達に関心をもち始めた3歳児の人間関係にも目を向けながら、環境づくりや保育者の関わりについて考えたいと思います。

ねらい
- 保育者に見守られながら、好きな遊びを見つけて楽しむ。
- 泥や水に触れ、戸外での遊びを十分楽しむ。

内容
- 保育者や友達と一緒に好きな遊びをする。
- 水、砂、土などに触れて、全身を使って解放感を味わう。

環境構成を考える上でのポイントは…

今しか味わえないことを思い切り楽しめるといいな

見つけよう！ 感触を楽しむ子どもの思いに気付き、寄り添おう！

感触を十分味わい、楽しんでほしい

水たまりを見つけて、そうっと足を水の中に入れ、「わあ！　つめたい！」。水の冷たさ、ぬるっとした泥の感触を体中で感じて「ぬるぬるする！」。そして、少しずつ足を動かすと水の流れができることにも気付くでしょう。

歩く速度を速めたり、走ったりして、自分の動きで変化する水や泥の様子を見て面白さや不思議さを感じてほしいな。

「楽しいね」「面白いね」という気持ちで、子どもの動きを受容し見守ろう。
保育者もはだしになって水たまりに入り、子どもが感じている楽しさに寄り添えば、汚れを気にする子どもも一緒にやり始めるかも。

3歳児 夏の実践事例 その1

こんなことも！ 面白いことにチャレンジ！

わぁ、面白そう！でも、安全にも十分注意しよう

安全面にも注意してチャレンジしてみよう。
水たまりのそばに瓶ケースを置いておくと、泥水の中にジャンプしたくなるかも…。
勇気を出して飛び降りるかも…。
飛び込む前のドキドキ感も味わえるかな…。

泥水の中に飛び込むことに対して、瓶ケース台の高さは子どもの発達に合っているか、地面は滑りやすくないか、周辺にぶつかりそうな物はないかなど、安全・衛生面について、素早く判断し、子どもが見つけた遊び（動き）を存分に楽しんでほしい。

そうだ！ じっくりと関わる時間を保障したい

何度も試しながら、自然の不思議にも気付いて…

体を動かす遊びに満足すると、今度は近くにあった雑草を抜いて水に浮かべるかも。ひとちぎりの草は水に浮かぶけれど、草をまとめて入れると沈んでしまう。その様子を不思議そうに見るかな。また、風が吹いてきて草が飛ばされる様子を不思議そうに見て、同じ動きを何度も繰り返すかな。

泥水遊びをしている途中で偶然生まれた遊びを楽しむ子どもの姿が面白い。
自然と関わりながら遊びが創り出されている姿を大切にし、子どもが主体的に環境に働き掛けながら遊べる時間を十分につくっていこう。

いいね！ 友達と触れ合って遊ぶ姿を大切にしよう！

その楽しさを共感したい

友達が泥水の中をはだしで歩いているのを見て、まねをしたくなるだろうな。
「面白いね。一緒だね」とか、「○○ちゃんは何してるのかな」などと、言葉を掛けてみよう。
友達と同じ動きが楽しくて、水たまりに入ったり出たり、ほかにも楽しいことをして遊び出すといいな。

泥や水などの自然と触れ合うことで解放感をもち、心が安定してきたみたい。友達とも自然な形で触れ合って、関わって遊ぶ楽しさにつながっていくとを考え、大切に見守っていこう。

誌上で公開保育!!
前ページの環境構成のポイントや担当保育者の **そうだ!** などを見ながら、この園での実際の保育をイメージして、学び取りましょう!

私の園の環境図

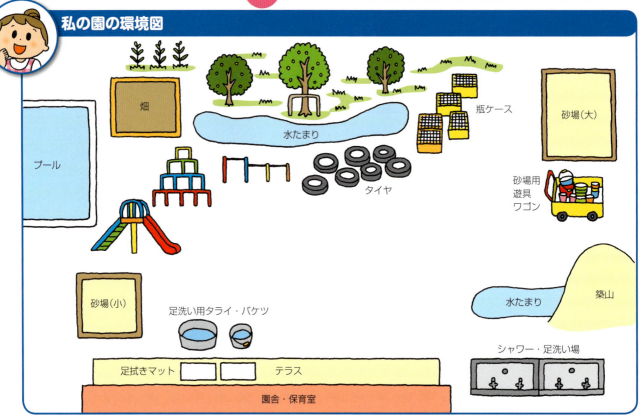

環境と指導の工夫

- 園庭の地面を、土と砂場からこぼれ出た砂が混ざった状態にしておくと、柔らかく滑りにくい地面が自然にできる。
- 園庭の隅の何か所かに、水たまりができるようにしておく。衛生面から、長時間水がたまったままにならないように、水はけの具合など、常に適切な状態を保つように留意する。
- 水たまりの中にジャンプするなど、全身を使って遊ぶ遊び方にも対応できるように、設置・移動ができるタイヤや瓶ケースなどを近くに置いておく。
- 草や枯れ枝、落ち葉など、自然物を組み合わせて遊べるように、園庭に雑草などの茂みを作っておく。
- 子どもの傍らで見守ったり、時にははだしになり保育者の気持ちをつぶやいたりすることで、子どもが安心して遊びに浸れる場所・時間・空間をつくるようにする。
- 遊んだ後は、体中に付いた泥水を十分に洗い流し、衛生面に配慮する(足洗い場や温水シャワーを使用できるとよい)。また、自分で手足が洗えるように、水を張ったタライ、バケツ、足拭きマット、雑巾、タオルなどを所定の場に準備しておく。

取り組みの様子(遊びの様子)

- 自ら環境に関わり、夢中になって遊ぶ姿が見られた。探索的に遊びを見つけ、興味をもったことを繰り返し試しながら遊びに没頭している。
- 水たまりの周りには水遊びや砂遊び用の遊具が置いてあったが、既成の物には目を向けず、草や枝など自然物を手にし、偶然見つけた遊びを楽しんでいた。
- 泥水遊びが中心だったが、遊び場から離れた周囲の環境に興味をもち関わる場面もある。しばらくすると、元の場所に戻って遊び始める様子も見られる。
- クラスの中で少し関心をもち始めた二人が、水たまりという場で同じ動きをしながらその楽しさを味わっている様子が見られた。二人の間にほとんど言葉による関わりはなく、互いの動きを見てまねをしたり、顔を見合わせて笑ったりして遊びを楽しんでいる。

環境の再構成

- 次に雨が降った日の翌日は、また雨上がりの園庭で思い切り遊ぶことが予想される。体験が重なり、楽しさが広がっていくように、「〇〇したい」という声を聞き逃さないようにする。
- 足拭きマットやタライを多めに用意しておく。

3歳児 夏の実践事例 その1

主体的・対話的で深い学びに向けてのヒント
水たまりで もっと遊ぼう！

応用・発展ほか

4歳児のチョコレート作り

こんなふうにして遊びたいという遊びの目的をもつようになる4歳児が、水たまりの泥を使ってチョコレート屋さんをする。バケツ内の泥水の感触を、「トロトロ」と言いながら楽しんでいる。バケツやスプーン、板切れや机などを使って、遊びの楽しさを十分味わえるようにする。

晴天が続き、水たまりができないときは

保育者が意図的に、水たまりができるように土や砂で囲いを作って、水を入れておいてもよい。砂遊びの延長で葉っぱを浮かばせて遊ぶ様子も見られる。

泥んこ遊びの意味・価値を保護者にも伝えよう！

保護者の理解も得よう

保護者に水たまりで遊ぶ子どもの様子を伝え、子どもにとって水や泥で遊ぶ魅力や価値（意味）があることを伝えていきたい。
子どもが楽しんで遊ぶ様子を思い浮かべながら汚れた衣類を洗濯していただけるように働き掛けていきたい。
例えば…

クラスだよりの一部

『雨の後の園庭には、大きな水たまりが。それを目にした子どもたちの表情はとてもキラキラ。水たまりの水で料理をするAちゃんとBちゃん。きれいな水は「ぎゅうにゅう」泥水は「コーヒーぎゅうにゅう」と言っています。一か所の水たまりだけではなく、いろいろな所から水を集めて大きくなった水たまりで、はだしになって遊ぶCちゃんとDちゃん。ジャンプするEちゃん。しゃがんで水に手を入れて、水の心地良さを感じるFちゃん。楽しそうに遊ぶ姿を見ていたGちゃんも、その場で靴と靴下を脱いで水たまりに入ります。「あたたかい！」と言って驚いていました。同じ水たまりで遊ぶ子どもたちですが、遊び方はそれぞれです。解放感をもたせる水たまりでの遊びは、思考力、創造性、主体性などを育む学びとなります。また、友達との関わりも生まれ、人間関係を育てる場にもなります』

こんなふうにやってみませんか？

雨上がりだけでなく、雪や台風など、そのときにしか味わえないことがあります。たとえ昨日のごっこ遊びの続きが盛り上がるだろうと予想していても、雪の珍しい地域では、雪が降れば雪遊びを！　台風の後にドングリがいっぱい落ちている所があれば、それを活用することを考えてみましょう。
そのときにしか味わえない自然環境を、この事例のように大切に。チャンスを逃さずに！

3歳児 夏の実践事例 その2

事例 - ④

カメさんを作ったら動き出した！

環境構成を考えるときに…子どもの姿と保育者の願い（ねらい）などから、整理してみよう！

子どもの姿

新しい環境にも慣れ、自分の好きな遊具に触れたり安心できる場所を見つけたりして、自分の好きな遊びを楽しむようになってきました。

登園時はまだ不安を示す子もいますが、大好きなカメやウサギなど小動物の様子を見ているうちにいつの間にか泣きやみ、遊び始めています。

梅雨の時期に入り、園生活に慣れてきたこともあって、走り回るなどの動きも増えてきています。

保育者の願い

梅雨の時期、保育室で遊ぶことが多くなってきますが、描いたり作ったりなどの表現活動に興味をもちやすいときでもあります。しかし、中には描くことへの抵抗感があったり、汚れることを嫌がったりする子もいます。どの子どもも安心して取り組み、伸びやかに表現する楽しさを感じられるようにしたいと考えます。

ねらい
- 保育者とのつながりの中で、自分なりに描いたり作ったりすることを楽しむ。

内 容
- 興味をもって自分なりに描いたり作ったりする。
- 作った物で遊ぶことを楽しみ、愛着をもつ。
- 季節の事象や身近な小動物に関心をもつ。

環境構成を考える上でのポイントは…

伸びやかに表現するためにはどうすればいいかな

やっぱり！ 子どもたちが興味をもっているのは何？

子どもたちの思いに寄り添うところから

子どもたちが関わっている小動物…
大好きなカメやウサギやダンゴムシ。

それから　季節に関係あるものはどうかな…梅雨、雨、水たまり、オタマジャクシ

今、目の前にあるもの・ことを保育に生かせないか

雨を見たり、水たまりで遊んだりしている子どもたち。ザーザー降りの大雨やポタポタ落ちる雨粒…音や雨の降り方の違いも楽しい表現の要素になるかもしれない。

そうだ！　作った物で遊べるといいな

子どもたちの発想にも助けてもらおう

紙を丸めた棒にダンゴムシをくっつけたり、お面のベルトにもじゃもじゃ怪獣を付けてごっこ遊びに広げてみたりすると楽しいかもしれない。カメさんと結び付くかな。

- カメの甲羅に模様を描くのも楽しいかな。壁面に貼っておくとどうかな。
- 半円の形に切った紙にハサミで切り込みを入れて、ダンゴムシの足にしてみるのも面白いかも。

ほかにも　子どもたちがイメージしやすいものは何かな…お化けや怪獣など

描き始めるきっかけ…グルグル、モジャモジャ?!

いろいろな色のクレヨンでグルグルお化けや、モジャモジャ怪獣！　グルグル描くのは、抵抗感なく誰でも思い切り楽しめそう。

そうだ！　おうちがあると繰り返し遊べるね

楽しく発展するように

- カメやダンゴムシを作って遊んだ後、元に戻せるおうちがあるといいね。
- ごっこ遊びのきっかけになるかもしれない。

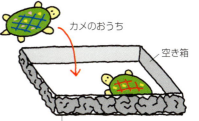

カメのおうち

空き箱

箱の側面に、石に見立ててくしゃくしゃに丸めたグレーの色画用紙を貼る。

誌上で公開保育!!
前ページの環境構成のポイントや担当保育者の **そうだ!** などを見ながら、この園での実際の保育をイメージして、学び取りましょう!

私の園の環境図

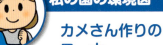
カメさん作りのコーナー

❶ 色画用紙で作った、カメの土台が入った箱。
❷ セロハンテープ、ひも。
❸ 水たまりや池の形に切ったラシャ紙（子どもの人数に応じて複数枚）。

※セロハンテープはまだ扱いに慣れていないので、安全面に配慮し、必要に応じて手伝う。

環境と指導の工夫

- 水たまりで遊んだ体験を再現できるよう、状況に応じて場を広げたり、水たまりの紙の数を増やしたりする。
- 子どもがそれぞれ表現していることをよく見取りながら共感し、表現する楽しさが感じられるようにする。
- 子どもがやってみたいと興味がもてるような導入をする（右の「取り組みの様子」を参照）。

- 貼りたい場所を聞いたり、「友達ができてうれしそうね」と認めたりしながら、一人ひとりと丁寧に関わり、作った喜びが感じられるようにする。
- 保育者自身が楽しそうにしながら、子どものやってみたいという気持ちを引き出していく。

取り組みの様子

水たまりで遊ぼう→カメさん作りへ

- 外は雨。保育者が大きなラシャ紙を水たまりに見立てて切って出すと、子どもたちはその中に入り、「バチャバチャ!」「あめだー!」と、水たまりに入ったつもりでジャンプしている。「もうまんいんだよ」「もっとみずたまりつくって」と、保育者に要求する。
- 水たまりごっこの後、「いけみたい」という声をきっかけに、「おさかなだよ」「ザー、ザー、おおあめだー」などと言いながら、クレヨンで丸や点々を描いたりなぐり描きをしたりして楽しむ。

- 次の日、保育者がクラスで飼っているカメの形を作り、池に貼って、「カメさん、お友達がほしいって言ってる」と話すと、「ともだちつくってあげる」「ぼくも!」と、思い思いに模様や目を描き、保育者と一緒に貼っていく。「このこのなまえはゆきちゃんね」と、カメに名前を付ける子もいる。

環境の再構成…壁面から遊びへ

「カメさんとおさんぽしたい」とＡ児。壁面に移した池からカメを外し、プリンカップをカメのおなかに付け、ひもで引っ張れるようにすると一緒に散歩し始めた。ほかの子どももまねをして散歩したり、ままごとの場に連れて行ったりする。保育室に子どもたちと池を作ると、泳がせたり片付けの際には池に連れて来たりする。

カメさんどこいきたい？

おうちもほしい！

あしたもあそぼうね！

3歳児 夏の実践事例 その2

主体的・対話的で深い学びに向けてのヒント
美しさや味わいが感じられる楽しい活動の工夫

応用・発展ほか

保育者が素材や道具のもつ特性、表現の方法などをよく理解し、子どもたちが心を動かしながら表現できるよう工夫してみましょう.

水で描く(3歳児)

マヨネーズや洗剤の空き容器に水を入れ、広い地面にダイナミックに、自由に描く。

フィンガーペインティングでこいのぼり(4歳児)

フィンガーペイントの模様を紙や布に写し取ってこいのぼりに。色のグラーデションがきれい。混ざってもきれいな色合いを工夫してみよう(※P.61参照)。

絵の具の粒を和紙に写してみよう(5歳児)

アクリル板にスポイトで絵の具を溶いた水滴を置く。そこに和紙をかぶせて吸い取ると…予期せぬ模様に驚き!

※スポイトは色別に用意し、絵の具は濃い目に溶くとよい。アクリル板を続けて使うときは、洗ってよく水分を拭き取ることがポイント。

こんなふうにやってみませんか?

作ったり描いたりする活動は、出来栄えが気になり出すと苦手意識にもつながりやすいので、乳幼児期から抵抗感なく取り組める活動の体験を積み重ね、表現することは楽しいという実感を育みたいものです。身近な物に親しみや興味をもちながら、表現したくなる活動を工夫してみましょう。

3歳児 秋の実践事例 その1

事例-⑤

落ち葉で遊ぼう

環境構成を考えるときに…子どもの姿と保育者の願い(ねらい)などから、整理してみよう！

子どもの姿

落ち葉が落ち始めると、登園時に「みつけたよ」と、色づいたイチョウやモミジの葉っぱを拾って来る子どもが増えてきます。

いろいろな色や大きさの落ち葉をままごとに使い、ごちそうの飾りにしています。また、5歳児がイチョウの葉をたくさん集めてバラの花のように花束を作ると、3歳児なりにまねをして遊び出しています。

保育者の願い

園内だけでなく園外にも出掛け、秋の自然に触れて遊ぶことで、葉の色の変化や大きさ、形の違いに気付き、身近な秋を感じてほしいと思います。

また、触ったり身に付けたりし、その感触や音、匂いなど、感覚で楽しみます。子どもから出てきた驚きや気付きを大切にしながら、秋の自然に親しみ、遊びに取り入れる楽しさを味わってほしいと思います。

ねらい

- 身近な秋の自然に親しみ、興味・関心を広げ、遊びに取り入れて楽しむ。

内容

- 木の実や落ち葉などに触れ、大きさ、色や形など、いろいろな物に見立てる。
- 落ち葉や木の実を集めていろいろな物を作ったり、ごっこ遊びに使ったりする。

環境構成を考える上でのポイントは…

触れて感じて遊べるようにしたいな

そうだ！① 落ち葉を集めるにはこんな物があるよ！

いろいろな物との出会いを

一枚ずつ集めるのもいいけれど、集める道具があると、楽しいよ。
熊手(子どもが使いやすい長さ、大きさの物)、段ボール、大きなポリ袋、バケツ

※友達と一緒に集めるのも楽しいね。

そうだ！2 たくさん集めて遊ぼう！

子どもたちが驚くほどたっぷり集めておこう!!

タライや段ボールに集めた落ち葉を入れ、全身で触れて遊び、ふわふわした感触やガサガサという音などを楽しもう。

お風呂・布団などに見立てて、ごろごろしたり隠れたり、葉っぱを掛け合ったりして遊ぼう。

そうだ！3 作って遊ぼう！

落ち葉の国の王女様になろうか？

- お面のベルトに落ち葉を貼って冠に！
- 首飾り。
- ケーキやごちそうの飾りに。
- イチョウの葉に直接油性フェルトペンで絵を描く。
- 落ち葉の貼り絵（構成遊び）。

※「時間がたつと、バリバリになってしてしまうなあ、どうしよう…」と、子どもたちに投げ掛けて、「そうだ！ いいこと考えた」と、パウチ・コーティングして見せてもよいでしょう。

いっぱい集めよう！

そうだ！4 種類別に分けよう！

大きいの、小さいの…宝物いっぱい！

落ち葉や木の実を種類別にし、使いやすい環境にしましょう。分類することで、いろいろな物に見立て、子どもの発想も膨らみます。

※こうやって遊ぶ中で、自然と木の実の形・色などの美しさや違いに気付いていく姿が、学びへ、そしてその深まりにつながります。

誌上で公開保育!!

前ページの環境構成のポイントや担当保育者の **そうだ!** などを見ながら、この園での実際の保育をイメージして、学び取りましょう!

私の園の環境図

環境と指導の工夫

- 園庭の落ち葉は捨てずに、子どもの遊びの様子を見て掃きためておく。
- 落ち葉を集めたり運んだりしやすい道具を、子どもたちの使いやすい場所に置いておく。
- 園外にも出掛け、いろいろな種類の落ち葉を探す。
- 大型のビニールシートを園庭に敷き、そこに落ち葉を積むようにして、安全にダイビングしたり掛け合ったりできるようにする。
- 感触を楽しむ遊びから見立て遊びに広がるための材料を準備しておく(モール、輪ゴム、色紙、接着剤、セロハンテープ、画用紙、分類する空容器)。
- 落ち葉の近くでそれぞれの遊びができるように、教材・教具を置く。

取り組みの様子(遊びの様子)

- きれいな色の葉を集めようと選んでいる子や、たくさん集めようとする子がいる。また、形の違う葉を友達と見せ合い、「ウサギのみみみたい」「キツネだよ」と、見立てて遊んでいる。
- 歩くだけで落ち葉の音がして、何度も落ち葉の上を歩く。また、繰り返し投げては、ちらちら舞うのを見て喜んでいる。3歳児は歩く、投げる、寝転がるなどの簡単な動きの繰り返しを喜び、友達と一緒に遊び続けている。
- 園で経験した遊びを、近所の公園でも試している。また、落ち葉の量が多いためダイナミックな遊びができ、全身で葉の感触を味わっている。踏んでみると「ふわっとしてきもちいい」、葉が乾いていくと、音が「バリバリする」などを感じ、表現している。
- 年齢別にそれぞれの楽しみ方ができ、5歳児が始めた遊びが4歳児そして、3歳児へと広がっていき、見てまねをして楽しんでいる。

環境の再構成

- パリパリになった落ち葉を見て「ちぢんじゃった」と気付いている姿を捉えて、「どうしてだろうね」と、一緒に語り合う。
- きれいな落ち葉をパウチして飾っておくと、「これであそんだよね」と思い出したり、「またみつけてこよう」と園庭に出て行ったりする。
- 「きょうは、これ!」と、毎日違う落ち葉を見つけることを楽しむ姿も見られる。

3歳児 秋の実践事例 その1

主体的・対話的で深い学びに向けてのヒント

秋は自然物がいっぱい！　全身で感じよう

応用・発展ほか

4歳児では

◆見立てて遊ぼう！　バーベキューごっこ
子どもの発想を大切に。

落ち葉を木の枝に刺して見立てています。
お店の人
お客さん

5歳児では

◆やじろべえ
- ドングリに穴をあける（けがをしないように機械を使ったり、粘土で固定したりする）。
- 竹ひごを穴に入れ、バランスを考えて位置を決める。

◆ドングリゴマ作り
- 穴をあけたドングリにようじを刺す。
- ドングリをこすって平らにするとよい。
- 試しながらようじの長さを調整する。

落ち葉以外にも秋の自然物を集めていろいろな物に変身させましょう！

木の枝も使える。

こんなふうにやってみませんか？

保育者は園内や近所の草・木など、どこにどんな物があるのかを知っていることが必要です。また、風が強い日に出掛け、落ち葉が落ちる様子を見たり拾ったり、自然を常に感じ、時期を逃さないことが大切です。
そして、子どもとともに驚いたり喜んだり発想を豊かにし、保育者の感じたことを言葉で伝えましょう。

3歳児 秋の実践事例 その2

事例−⑥

いろいろな動きを楽しもう

環境構成を考えるときに…子どもの姿と保育者の願い(ねらい)などから、整理してみよう!

子どもの姿

保育者とのつながりを基に、3歳児なりにみんなで一緒に生活する楽しさを感じられるようになってきています。園庭でも、保育者やクラスの友達と一緒に固定遊具や砂場で遊ぶことが増えてきましたが、園庭を走り回る姿はあまり見られず、中には体を動かして遊ぶ経験が少ない子もいます。

保育者の願い

運動会を前に、子どもたちには園庭を思い切り走ったり、体を伸びやかに動かして遊ぶ楽しさを感じたりしてほしいと思います。

そこで、9月から室内で盛り上がっている子どもたちの大好きな新聞紙遊びを園庭にもつなげ、体を動かして遊ぶきっかけにしたいと考えました。

ねらい
- 自分なりに作ったり見立てたりしながら、体を動かして遊ぶことを楽しむ。

内容
- 新聞紙をちぎったり、丸めたり、折ったり、つなげたりする。
- 新聞紙を様々な物に見立てながら、投げたり、走ったりなど体を動かす。
- 遊び方が分かって、自分なりの動きを楽しむ。

環境構成を考える上でのポイントは…

体をいっぱい動かして遊べるようにしたいな

まずは 新聞紙の素材としての可能性を考えてみよう!

新聞紙で遊んだら、どんな動きができるだろう

裂いたり、丸めたり、つなげたり、投げたり、見立てたり…様々な動きを引き出してくれる。

新聞紙が傘になったり、魔法のじゅうたんになったり…。見立てて使って、歩いて楽しむ。

大きな段ボール箱などに新聞紙をちぎって入れ、プールごっこ。はいったり転がったりの動きを取り入れるように楽しもう。

3歳児 秋の実践事例 その2

そうだ！ 新聞紙でボールを作って、体を動かす遊びにつなげてみよう！

新聞紙ボールの良さ

柔らかい、自分で作れる、当たっても痛くない、遠くまで転がらない。
- 自分のボールを作って蹴ったり投げたりすると面白いかな。
- ビリビリに破いて遊んだ新聞紙も再利用できそう。次の遊びに変化するのも楽しいかな。
- 自分で袋に詰めるのも楽しいかな。袋を結んだりテープで留めたりするのは少し援助が必要かな。
- 蹴ったり投げたりする的や道を作ると、遊びが広がりそう。

そうだ！ 新聞紙をつなげて思い切り走れるといいな

走りたくなるように…

- 新聞紙を裂いてつなげて走ってみよう。
- ひらひらなびくと面白いかな。
- 紙を丸めた棒に付けると安定するかな。
- 友達と一緒に走ったらもっと楽しいかもしれない。大勢の子が作ったら、みんなで一緒に走ってみよう。
- ちぎれて飛ばされることも考えて、片付けるための袋も準備しなきゃ。
- 新聞紙は柔らかくて軽いからひらひらすることを感じてほしいな（特性に気付く）。

そうだ！ ほかにはどんな遊びで体を動かせるかな？

柔らかい感性で、環境・素材が生まれ変わる

- いろいろな動物をイメージして自分なりの尻尾ができると、尻尾取りにしても面白い。
- 追い掛けたり、追い掛けられたり、体を思い切り動かしながら、友達と一緒に遊ぶことが楽しめるといいな。

ひもにちぎった新聞をテープでぶら下げてくぐったり、隠れたり…。新聞紙のジャングル探検で、いろいろな動きを！

37

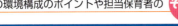

誌上で公開保育!!
前ページの環境構成のポイントや担当保育者の そうだ! などを見ながら、この園での実際の保育をイメージして、学び取りましょう!

私の園の環境図

環境と指導の工夫

- 新聞紙は扱いやすいように、活動に応じた大きさにして準備しておく（大きさごとに違うカゴに入れておくなど）。
- 子どもが関心をもてるよう、実際に作っているところを見せる。
- 子どもの作る様子を見守りながら、必要に応じて手伝ったり、できた物を認めたり作る楽しさに共感したりする。
- 保育者自身が楽しそうに走りながら、子どものやってみたいという気持ちを引き出していく。
- 尻尾を付けたことで動物になりきる動きを大切にしよう。イメージをもちながら追い掛け鬼を楽しむための動きにつなげていき、尻尾取りのルールにとらわれず、追い掛けたり追い掛けられたりしながら、思い切り走る楽しさが味わえるように配慮する。
- 3歳児は、周囲でほかの遊びをしている4・5歳児らとぶつかる危険性が高いことに配慮して、広い場を確保するようにする。
- 尻尾を取られて泣く子どもには、その悔しさを受け止め、保育者が作っておいた物を提供するなどして、取ったり取られたりを楽しめるようにする。

取り組みの様子（遊びの様子）

尻尾を作って動物たちの追い掛け鬼

- 戸外に新聞で尻尾を作るコーナーを設定すると、新聞で剣を作り、戦いごっこが始まった。保育者が尻尾を作り、それを付けると興味を示し、一緒に作り始める。
- 新聞をねじったり、端を縦に裂いたりして尻尾が完成し、「ゾウのしっぽだ！」「ライオンのしっぽ！」と、楽しそうに次々と作っていた。「おそとでつくるのたのしいね」とつぶやく声も聞かれる。
- うまく作れない様子の子もいるが、そうしたい気持ちを受け止め、保育者も手伝う。
- 保育者がズボンに挟み、「ゾウの尻尾だよ。取ってごらん！」と走り始めると、同じように尻尾を付けて子どもたちも走り出した。尻尾を付けていない子どもたちも、保育者や尻尾の付いている友達を追い掛け始める。尻尾を取られたら、そのまま返してもらってまた走り出している。
- 追い掛ける楽しさから、「わたしもしっぽつくろう」と作り始める子どもも出てきて遊びが伝わっていく。

環境の再構成（やりたい気持ちを受け止めて）

- いろいろな尻尾を作りたい気持ちを受け止めて援助していく。
- それぞれの動物の家（ゴザを敷く、段ボールで囲うなど）を作り、安心して遊べるようにする。

3歳児 秋の実践事例 その2

主体的・対話的で深い学びに向けてのヒント

こんな工夫で、楽しく体を動かそう！

応用・発展ほか

発達に応じてこんな遊びも！

新聞紙の輪っか投げ（3・4歳児）

当たっても痛くない新聞紙。花火のつもりで投げ上げたり、遠くに投げたり…。投げることそのものを思い切り楽しもう。

丸めた新聞紙で動物玉入れ（4歳児）

「おなかのすいたウサギさんにリンゴをあげよう！」たくさん食べさせてあげたくて次々と玉を投げる。

新聞紙の道（4歳児）

裂いた新聞紙を思い思いにつなげて道ができた！新聞紙の道を歩いて、友達と出会うのも楽しい。

新聞紙でジャンケンゲーム（5歳児）

一人1枚ずつ新聞紙を持ち、10人前後のチームで新聞紙をつなげて乗る。チーム代表がジャンケンし、負けたら1枚ずつ取っていく。一人でも足が出たら負け。
はみ出さないようにバランスを取ったり、友達と思い切り体をくっつけたりするのが楽しい！

こんなふうにやってみませんか？

新聞紙は、気兼ねなく使うことができる安全で身近な素材です。工夫次第で様々に体を動かしたり、友達との関わりを楽しんだりすることができます。丸めたり裂いたりして指先を使う、投げたり蹴ったり走ったりなど全身を動かす、バランスを取る…。3歳児では、イメージや見立てを楽しんでいたら、思わず体を動かしていたというような遊び方がいいですね。

3歳児 冬の実践事例 その1　　事例-⑦

砂場で『3匹のヤギ』ごっこね！

環境構成を考えるときに…子どもの姿と保育者の願い（ねらい）などから、整理してみよう！

子どもの姿
砂場にできていた大きな二つの砂山。山をもっと大きくしようとする子どもや、山と山の間をシャベルで掘っていく子どもがいました。
一人の子どもが長い板を運んで来て山に架け、橋を作りました。少し不安定な橋を渡ると、見ていた子どもたちが、次々と橋を渡って行きます。「かいぶつがくるよ！」などと、お話の世界をイメージする姿も見られました。

保育者の願い
同じ場所で、一人ひとりが好きな遊びを楽しみながらも、友達がしていることに興味をもっている子どもたち。互いの動きを模倣し合うことで、「面白い」「楽しい」という思いがもてるように、砂場という遊びの場でも、お話の世界をイメージしたごっこ遊びを楽しめたらいいなと思いました。

ねらい
- 友達や保育者とイメージを膨らませて、一緒に遊ぶことの楽しさを味わう。

内容
- 言葉のやり取りをしながら、お話の世界でごっこ遊びを楽しむ。

環境構成を考える上でのポイントは…

思い付いたことを いろいろに表現して 楽しめるといいな

見てみよう！ 一人ひとりの動きやつぶやきに注目してみよう

子どもたちが楽しんでいることは何？

板の橋ができた後も、子どもたちはそれぞれが興味のあることに集中しています。
「いってもいい？」と言って、橋を渡ろうと列を作る子ども、「ここにかくれるかな」と言って、橋の下を深く掘り続ける子ども、「ちょっとグラグラするよ」と言って、橋の上に砂を積んでいく子どもなど、いろいろな姿が見られます。
一人ひとりの楽しさが、どうやって一つになっていくといいかな？
まずは、保育者も一緒に遊んで、子どもの楽しさを感じてみましょう。

3歳児 冬の実践事例 その1

そうだ！ 子どもたちのイメージを膨らませていこう

『3匹のヤギ』のお話を聞いた後は、すぐに体で「かいぶつ」や「ヤギ」のイメージを表現するかな？

- 保育者が一緒に橋を渡ると、子どもたちも渡って楽しめるよね。
- そうすれば「たべちゃうぞ」「たべないで」などの言葉のやり取りを楽しめるかもしれない。

そうだ！ 子どもの自由な発想で楽しめるといいな

遊んでいく中で、保育者が思い付かないような展開が待っていることもある

- 子どもたちが紡ぐ物語に、保育者が乗っていくことも大切。
- 怪物が一緒にごちそうを食べたり、ヤギの子どもも怪物も一緒にお皿を並べたりして、パーティーが始まるかも。

遊び場を変えてみる！ 「なりきり」をもっと楽しもう

平均台や下図のような手作りの物を使って橋を再現できそう！

ヤギや怪物になったつもりや、お話の世界観をよりイメージしやすくなる道具（お面、布など）を作るのも楽しいです。
カタコトと橋を渡る音を出せる物が、身近にあるかもしれない。子どもと一緒に探してみよう。

牛乳パック4本分のマルチパーツ

段ボールのパーツ

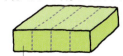
1本の中に折り畳んだ牛乳パック11本分を入れて、きれいな色の紙で包む。

切った段ボールをカラー布テープで留める。

誌上で公開保育!!
前ページの環境構成のポイントや担当保育者の **そうだ！** などを見ながら、この園での実際の保育をイメージして、学び取りましょう！

私の園の環境図

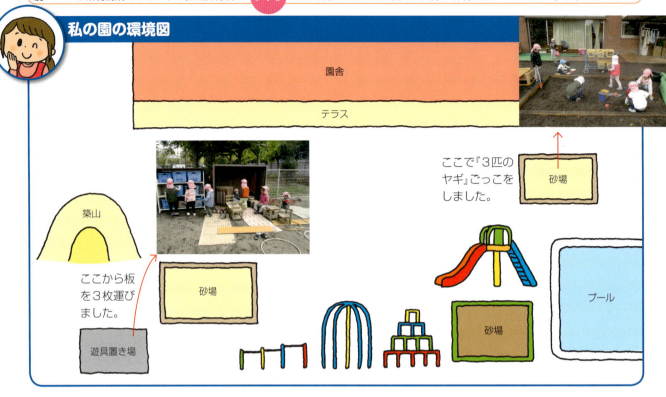

ここから板を3枚運びました。

ここで『3匹のヤギ』ごっこをしました。

環境と指導の工夫
- 遊具置き場には遊具の置き場所を写真で掲示するなどして、使いたい物がどこにあるのかを子どもたちが分かるようにしておく。
- 遊びに必要な大きな板や敷物を運ぶときは、持ち方などにも気付けるように、場に応じて子どもたちと一緒に運びながら言葉を掛けていく。
- 一人ひとりが楽しんで遊んでいるところを見つけていくことと、そこを十分に楽しめるような場を確保していく。
- 子どもたちの動きやつぶやきから遊びが広がっていくようにし、保育者の一方的な思いで遊びを進めないように気を付ける。
- 好きな遊びを通して友達と触れ合うことや遊ぶ楽しさが感じられるように、保育者が仲立ちとなって、子ども同士や遊びをつないでいく。
- 想像力を刺激し、好奇心のきっかけをつくる多くの絵本などに、日頃から触れる機会をもつようにする。

取り組みの様子（遊びの様子）
- 砂山に板を渡して橋を架けると、「かいぶつがいるんじゃない？」と言って、橋の下を確かめながら渡っている。
- 保育者も橋を渡ると、「たべちゃうぞ！」と、怪物になってつかまえようとする子どもが出てくる。
- 保育者が怪物になると、「ばんばん！」「やっつける」など、ヤギと怪物以外の役割が出てくる。
- ヤギになって橋を渡る子ども、怪物になる子ども、怪物が隠れる谷を掘る子どもと、それぞれがしたいことに集中しながらも、『3匹のヤギ』という共通のイメージをもって遊んでいる。
- 谷に、食べ物の形のカップをたくさん入れて、「こっちがおいしいよ」「これたべて」と言う。
- 最後は、みんなでごちそうを食べて仲良しになる。

環境の再構成
（翌日、園庭に出ると砂山は崩れていた。子どもたちは遊具入れからシャベルを取り出し、「おやま、なおすよ！」と、再び砂山作りが始まる）。
- 楽しかった遊びの経験が持続する姿を大切にしたい。保育者も一緒に砂山を作り、板の橋を架けるところまで手伝う。
- 橋が架かるとすぐに『3匹のヤギ』ごっこが始まる場合は、少し離れた所で見守り、子どもたちのやりたいことから実現できるようにする。

3歳児 冬の実践事例 その1

主体的・対話的で深い学びに向けてのヒント
「〜のつもり」をもっと楽しめるアイディアあれこれ

応用・発展ほか

見立てて遊ぶことが活発になっているこの時期、子どもたちのイメージを膨らませる場面が、生活の中にはたくさんあります。

子どものつぶやきをキャッチ！

散歩に出掛ける前に読んだ絵本の内容を覚えていて、散歩中の会話に出てくることがある。お化けが出てくるものだったが、「おばけなんていないよ」「おばけでてくるかな？」と、反応はそれぞれ。葉っぱが生い茂る場所で、一人の子どもが「うわ〜っ、はっぱおばけだ！」と言うと、「きゃ〜！」と目を閉じて歩く子どもがいた。また、「ここにいるかな？」と、壁と壁の間をのぞいている子どもがいる。お化け探しを楽しみながらの散歩となった。散歩が歩いて目的地に着くことだけではなく、安全性を考えながらも、子どもたちのつぶやきをキャッチし、イメージをもって遊ぶ時間になる。

ごっこ遊びを広げるアイテム紹介

①身近にあり、どのような物にも見立てられる遊具や材料があるとよい。

②いつも遊んでいるポンポンを火に見立てたり、右図の板やパーツを焼イモ屋さんの囲いにしたりして、遊びを広げていく。

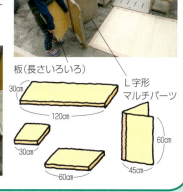

板（長さいろいろ）　30cm／120cm／30cm／60cm
L字形マルチパーツ　60cm／45cm

こんなふうにやってみませんか？

保育者も一緒に遊ぶ中で、子どもの興味や発想を面白がって見詰めていきたいですね。子どもは身近な環境にある物を見立てたり、そこからイメージを広げてストーリーを展開するなど、様々な姿を見せてくれます。
その時々の子どもの姿に合わせて遊びに使いそうな物を環境として置いておくなどしつつも、子ども自身が主体的にごっこ遊びを展開していくという柔軟さも必要だと思います。

3歳児 冬の実践事例 その2

事例-⑧

風を感じて　風で遊ぼう

環境構成を考えるときに…子どもの姿と保育者の願い（ねらい）などから、整理してみよう！

子どもの姿

風が吹いている日、園庭でカップがコロコロと転がる様子に気付いて、大喜びで追い掛けて楽しむ姿が見られました。
　風がやむとカップも止まるということに気付いて、また風が吹くのを待っている子どもたちもいました。
　風に吹かれて遊ぶうちに、走り回って寒さを忘れる姿も見られます。

保育者の願い

寒さが厳しくなり、室内で遊ぶことが多くなるこの時期、上記のような姿が外に出て遊ぶきっかけになると考えました。
　子どもたちの気付きを大切に受け止めながら、風を味わえる遊びを提案することにしました。
　作って遊ぶ楽しさを味わったり、風を感じていろいろなことに気付いたりすることを大切にしたいと思います。

ねらい

- 風を感じ、体を動かして遊ぶ心地良さを味わう。
- 自分で作った物で遊ぶ楽しさを味わう。

内容

- 思い切り走ったり風を感じたりして、気持ち良さを感じる。
- 風を受けて遊べる物の作り方を知り、自分で作ってみようとする。

環境構成を考える上でのポイントは…

自然現象に気付いて遊びに取り込むことを大切にしたいな

見てみよう！　子どもたちは「風」をどんなふうに感じている？子どもたちの動きをよく見てみよう

季節・自然を環境構成に取り入れよう！

風が吹くと、いろいろなことが起こるね。
風が吹いてきたら、子どもたちと一緒に遊んでみよう。
子どもたちが気付いていることに目を向けてみよう。

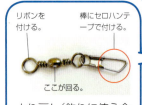

リボンを付ける。
棒にセロハンテープで付ける。
ここが回る。
より戻し（釣りに使う金具）を使うと、クルクルよく回ります。

棒の先に付けたリボンが踊る。

カップが転がる。

風に背中を押される。
マントが風になびく。

そうだ！ 作ることと遊ぶこと 行ったり来たりできるようにしよう

子どもの立場で考えてみよう！

風を感じて遊ぶ物を作る場所をどこにしようかな？ 落ち着いて作れる場所が必要。でも、作ったら遊びたくなるだろう。
落ち着けるけれど、動きたくなったらすぐに動きだせる。そんな場所に、場をつくろう。
作った物が遊んでいるうちに壊れたら修理できる場があると、うれしいね。

やっぱり！ 「友達と一緒」を楽しめるように

保育者はいつも子どもがアクティブになることを考える！

自分が作った物を持って遊ぶ子どもたちの顔は満足そう。
同じ物を持った子どもたちが庭に集まって来たら、「一緒に走ろう」と呼び掛けよう。
自分が持っている物は見えなくても、友達が持っている物はよく見える。あんな感じって思えるんだね。
「一緒」の気分を味わえる瞬間にもなる。

いろいろ楽しんだその次に！

ちょうどよく楽しめる「たこ」ってどんなものかな？

5歳児クラスの子どもたちがたこ揚げを始めたら興味をもつだろうな。
3歳児が作れるたこってどんな感じだろう？
あまり大きくても、引きずるだけになってしまうかもしれない。
ひもが長すぎると絡まって扱いにくいだろう。
ちょうどいい大きさ、形を考えてみよう。

木から葉が舞い落ちる。

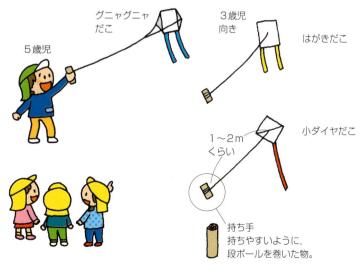

私の園の環境図

環境と指導の工夫

- 風を受けて遊ぶと楽しいと感じ取れる材質の物（紙テープ、レジ袋、薄い布など）を用意し、風で遊びながら子どもたちが感じていることを受け止めていく。
- 保育室と戸外との行き来がスムーズにできる場所に製作コーナーを設置する。
- 作った物を置いておけるコーナーをつくり、子どもの意欲に応じて繰り返し遊べるようにする。
- 風で遊べる物を持って走っているときは、友達や遊具とぶつかることがないように、子どもの動線や遊び方に配慮する。
- 風を感じたり感じたことを体や言葉で表したりしている姿を受け止め、保育者もともに楽しむ。
- 5歳児や4歳児がたこ揚げをしている姿に興味をもって見ているときには一緒に見るようにして、異年齢の出会いや関わりを大切にしていく。

取り組みの様子（遊びの様子）

- 保育者が風で遊ぶ物を持って走っている様子を見て興味をもち、「やりたい」と言ってくる。風で紙テープがひらひらする様子を感じ取り、思い切り走り、どうなるかを確かめている。
- 自分でも作りたいという子もいれば、保育者が作った物で遊ぶことを楽しむ子もいる。自分で作って遊ぶことを楽しむ子が出てくると、「じぶんもつくる」と言い出す子が増えてくる。
- コーナーをつくり、遊び終わったら置いておけるようにすると、外に出て遊ぶときに持って行く姿が見られるようになってきた。
- 風が強めに吹く日には、走らなくても紙テープがひらひらしたり、長い紙テープが風を受けてうねうねしたりする様子をよく見ている。
- 4・5歳がたこを揚げている様子を見て、たこが「ほしい」「やりたい」という声が上がった。

環境の再構成（やりたい気持ちを受け止めて）

- 違う材料でも作りたい気持ちがでてきたら、ハガキ大のたこを5～6個作っておく。園庭で保育者がたこを持ち、遊ぶ姿を見せる。「やりたい」という子どもにたこを渡し、一緒に走り、楽しさを味わえるようにした。
- たこ作りでは、作りたいという気持ちを大切にし、必要に応じて手伝いながら完成した喜びが味わえるようにする。

3歳児 冬の実践事例 その2

主体的・対話的で深い学びに向けてのヒント
身近な自然の不思議で遊ぶチャンスいろいろ

応用・発展ほか

- 子どもたちは身近な自然の不思議に気付き、関わっています。そのような子どもたちの姿に保育者が気付き、一緒に楽しむことから遊びが始まります。例えば、こんな風に…。

どこから飛んできたの？

つむじ風のような強い風の吹く日は、室内にいても「ヒュー」という音が響いてくる。外に出ると、風で飛ばされそうになる。「おー、とばされる」と、風を感じて笑う子どもたち。空を見上げると、巻き上げられた木の葉がクルクルと踊っている。フワッと地面に落ちてきた落ち葉を拾い、「おおきいね」「こっちにもあるよ」「どこからとんできたのかなぁ」と話している。
強い風の日ならではの体験。

こんなに大きい葉っぱがあったよ！

こっちの砂あったかいね！

冬とはいえ、暖かい日ざしが射し込んだ日、数人の子どもたちがはだしになって遊んでいた。砂場の中を歩き回っていて、少し水を含んだ黒砂の場所からカラカラに乾いた白砂の上に移動したとき、一人の子どもが「あ、こっちのすな、あったかい！」とつぶやいた。
一緒にいた保育者も白砂を触り、「本当だ。あったかいね」と言うと、うれしそうに笑う。「こっちはつめたい」「ここはあったかい」と、場所によって温度が違うことを口々に言い、遊び始めた。
冬ならではの遊び方。

あったかいよ！　こっちはひんやり！

- 風を味わって遊ぶ機会を大切にしたいですね。楽しさを味わえるように工夫していきましょう。

保護者も夢中になって

親子で遊ぶ日（保育参観日など）に、たこ作りを計画してみては。風を受けてたこが揚がることを体験するためにはコツが必要。じっくり関われる大人がいると、「やった！」という思いが味わいやすくなる。
そのようなとき、大人も夢中になれるように、大人だこ（連だこや大だこなど）を作って揚げるのも楽しい。たこには大人も夢中になる魅力がある。

いろいろなたこ

折り紙で
ストローなどで
カラーポリ袋で
レジ袋に顔を描いて
色画用紙や和紙を渦巻きに切り抜いて

※P.44のより戻しを付けると、ひもが絡まなくて便利です。

こんなふうにやってみませんか？

3歳児でも考えたり工夫したりする機会を逃さないことが、4・5歳児の考える力につながります。
驚いたり喜んだり、様々に感じて遊ぶ生活を大切にしましょう。
子どもの気付きを見逃さないのが保育力。保育者もいっしょに遊んで！　感じて！
たこの作り方の研究や必要な教材の準備も、環境構成の大切なポイントです。

4歳児 春の実践事例 その1　事例-⑨

大きな虫に変身

環境構成を考えるときに…子どもの姿と保育者の願い（ねらい）などから、整理してみよう！

子どもの姿

バッタやチョウなどの虫に興味をもち、捕まえて飼育ケースに入れ、観察しています。

触ることには抵抗がある子どももいますが、保育室にトンボやチョウが迷い込んできたことで、「かわいい。トンボのめがねはみどりだった!!」と、追い掛けたり、自分がチョウになって飛んだりしています。

「チョウチョさんみたいにかわいいはねがほしい」と言い出した子どもの姿を捉え、保育者が紙で羽を作ると、それを付けて遊んでいます。虫になることを楽しんでいる姿が見られます。

保育者の願い

いろいろな体の動きを楽しみながら、自分が感じている虫のイメージを伸びやかに表現できるようにと願っています。また、友達と同じ羽を付けることで友達に親しみを感じ、一緒に表現を楽しむ機会になってほしいと思います。

ねらい

- 自分なりのイメージを、伸びやかに体で表現することを楽しむ。
- 友達と同じ物を身に付けることにより、一緒に遊ぶ楽しさを感じる。

内容

- 全身を使い、虫になりきって表現する。
- 飛んだり蜜を吸ったりなどの虫の表現を、友達と一緒にして遊ぶ。

環境構成を考える上でのポイントは…

イメージをもちながら表現を楽しんでほしいな

そうだ！① 羽があったら、表現がもっと広がるかもしれない

子どもの様子からの環境構成を

手を羽のようにして遊んでいる子どもたち。羽やお面があったら、もっと表現が楽しくなると考えます。色画用紙で羽を作って目に付くように置いておいたり、一緒に作ったり…。

「こんなかたちなんだねー!!」
「これだね!」

4歳児 春の実践事例 その1

そうだ！ ❷ 多様な動きを引き出すために！

保育者も、『ちょうちょ』や『とんぼのめがね』の世界に入って飛ぼう

- 羽を休める所、飛ぶ練習をする所やほかの虫から身を守る所など、多様な動きが表現できるような場をつくる。
〈用具〉巧技台、大型積み木、マットなど
- カーテンの後ろに隠れる動きが見られた。隠れる所や住みかになるような所も欲しくなるだろう。すぐに保育者が作ってしまうのではなく、子どもの動きを捉えて、子どもと一諸に作れるように材料の準備をしておく。
〈材料〉段ボール、紙、スズランテープ、囲いサークル
- 音楽があると、飛んでいる雰囲気や表現が豊かになるだろう。CDプレーヤーとCDを準備する。最初から音楽をかけるのではなく、子どもの動きを見ながら雰囲気をつくっていこう。
〈用具〉CDプレーヤー、CD

ピョ〜〜ン だよ!!

※安全ピンやゴムを使って留めましょう。

そうだ！ ❸ 友達と一緒に動きたい気持ちを受け止めよう

もっと楽しくなりそう…予想して準備を！

- 友達と同じ物を身に付けたり、同じ行動をしたりすることで群れて遊び、一緒に遊びを楽しむようになるだろう。
- 子どもたちが「Aちゃんとおなじはねがほしい」「Bちゃんとおなじおうちがいい」などと要求してくることを予想して、チョウやバッタの羽を多めに作っておく。
- 材料を多めに準備し、状況に応じて子どもと一緒に作れるようにする。
- お面は子どもが作れるように、紙の準備をしておく。

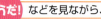

誌上で公開保育!!
前ページの環境構成のポイントや担当保育者の **そうだ!** などを見ながら、この園での実際の保育をイメージして、学び取りましょう!

私の園の環境図

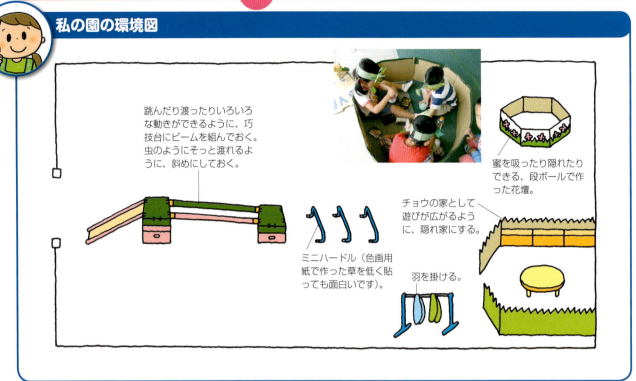

- 跳んだり渡ったりいろいろな動きができるように、巧技台にビームを組んでおく。虫のようにそっと渡れるように、斜めにしておく。
- ミニハードル（色画用紙で作った草を低く貼っても面白いです）。
- 蜜を吸ったり隠れたりできる、段ボールで作った花壇。
- チョウの家として遊びが広がるように、隠れ家にする。
- 羽を掛ける。

環境と指導の工夫

- 羽を付けて飛んだりするので、広い場所で伸びやかに動けるように、遊戯室に環境を構成する。
- 表現遊びのきっかけづくりとしてチョウやバッタの羽を作り、使えるようにしておくが、虫への関心や意識が高まるように、必要な物を子どもと一緒に作るようにする。
- 子どもたちが高い所から跳ぶ練習をしている姿を捉え、巧技台とビームでぶら下がれるようにしたり、跳べるように高さ5cmくらいの障害物などを準備したりして、虫の動きとつなげながら表現を楽しむようにする。
- 蜜を吸ったり住みかに入って寝たりすることができるよう、子どもの考えを取り入れながら、一緒に草原や住みかを作る。
- 保育者も一緒に仲間になり、子どもたちと同じ動きをすることを楽しんだり、言葉や体でなりきって表現している子どもたちを認めたり、表現することに抵抗を感じている子どもを誘ったりする。
- 子どもの動きを予想して安全を考え、マットを敷くなど遊具の配置に配慮する。
- 羽や衣装など、自分の大切な物を片付ける場や片付け方について、子どもと一緒に考える。

取り組みの様子（遊びの様子）

- 保育者が作っておいた羽を付けて、園庭でバッタを捕まえているA児とB児。「ぼくらバッタだよ。ジャンプすごいでしょう」と言うので、保育者は「さすがバッタさん。高い所からもジャンプできるの」と認める。虫になりきって遊ぶ姿が見られる。
- 遊戯室で巧技台のビームにぶら下がったまま動かない子どもに「なんでとまってるの？ はやくいってよ」と言うC児に、「だってはっぱのところだもん。ほんとうのむしさんもじっとしているよ」と答え、保育者が「そうかぁ、バッタさんのことよく見てるんだ」と認める。「にんげんがくると、ほら、とぶの」と、両手を広げて飛び回る子どももいる。
- D児とE児はチョウの羽を付けて、遊戯室を飛び回っている。「きれいなおはなをみつけたので、とんでいきましょう」「うん、いくよ。ひらひらひら…」二人は花畑に行き、手を口元に当ててストローのように吸う。「おいしいね」と、顔を見合わせながら楽しそうに笑う。
- 「あぁたいへん、えんのみんなにみつかる」「わたしたちがかわいいから、つかまえにきたの」「みんなかくれにいにげましょう」など、4人の女児がチョウになり、会話や体で表現することを楽しむ姿が見られた。

環境の再構成

- 「もっと花を作りたい」という子どもの思いから、表現に必要な物がすぐ作れるように、遊戯室に机と色画用紙、パス、ハサミ、のりなどを準備する。

4歳児 春の実践事例 その1

主体的・対話的で深い学びに向けてのヒント
こんな小道具があれば表現がもっと楽しくなる

応用・発展ほか

子どもたちがなりきって表現することを楽しめるためには、表現を引き出す小道具が必要です。
いろいろな材料を生かして作ってみましょう。

表現を楽しむために身に付けるいろいろな物

- 手に付ける物
  花・ポンポン・鈴

- 羽・服など
  画用紙・カラーポリ袋・不織布・新聞など

小道具の簡単な作り方

ボール紙で型（左の土台）を作り、紙を貼ると、立体のお面が作れる。

ゴムひも
カラーポリ袋

2cm間隔で切り込みを入れて、一つおきで穴にゴムひもを通すと、簡単にスカートができる。

身にまとう物（衣装）

- 布・不織布・カラーポリ袋・風呂敷・新聞

片付け方

- 自分のお面や身に付ける衣装などは、生活習慣を育てる意味からも、畳んだりハンガーに掛けたりなど、大事に片付けるようにしたい。自分の持ち物の整理にもつながる。

こんなふうにやってみませんか？

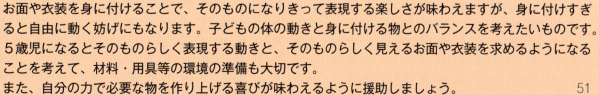

お面や衣装を身に付けることで、そのものになりきって表現する楽しさが味わえますが、身に付けすぎると自由に動く妨げにもなります。子どもの体の動きと身に付ける物とのバランスを考えたいものです。
5歳児になるとそのものらしく表現する動きと、そのものらしく見えるお面や衣装を求めるようになることを考えて、材料・用具等の環境の準備も大切です。
また、自分の力で必要な物を作り上げる喜びが味わえるように援助しましょう。

4歳児 春の実践事例 その2　　事例-⑩

忍者のイメージでチャレンジ

環境構成を考えるときに…子どもの姿と保育者の願い（ねらい）などから、整理してみよう！

子どもの姿
新学期が始まり少したつと、友達と一緒に体を動かして遊びたい欲求が高まってきます。
園庭に出て先生や友達と一緒に走ったり、同じ場所で動いたりすることに興味をもってやってみようとする姿も見られます。ブランコや滑り台などでの遊びも勢いが出て、繰り返し取り組むことを楽しんでいます。

保育者の願い
そんな4歳児には、安心して繰り返し遊べる場所が必要です。
特にイメージがあることで興味をもち、動き出しやすくなるので、「忍者」など共通のイメージがあると、楽しく体を動かして遊べるようになると考えました。
自分から取り組む楽しさやできた喜びを味わってほしいと思います。

ねらい
● 自分なりのイメージをもって多様に体を動かすことを楽しむ。

内容
● 跳ぶ・走る・はねるなど、体を移動する動きを体験し、体を動かす心地良さを味わう。
● 忍者のイメージによって、様々な体の動きを楽しむ。

環境構成を考える上でのポイントは…

イメージを豊かにして楽しく体が動くといいな

まずは　ワクワクして動きたくなるイメージが大事！

環境構成は「状況」をつくること！

どんなイメージがあれば心を動かして、ワクワク・ドキドキして取り組むかな？
動物、海賊、探検隊、○○マンなど、何がいいかな？
子どもたちは何に興味をもつか考えてみよう。

4歳児 春の実践事例 その2

そうだ！① 多様な動きを引き出そう

「ねらい」を達成するための「環境構成」を！

登る・くぐる・渡る・飛び降りる・ジャンプするなど体を多様に動かせるような場をつくってみよう。コースがあると繰り返しできるかも。
スタート→ネットの山→ジャンプ台…と回れるようにすると、多様な動きが楽しめるかな？

ジャンプの目標は星にしてみよう

ジャンプ台は人気が集まるだろう。
安定感のある巧技台が使える。
←手裏剣をつるしている。

そうだ！② 固定遊具に変化を付けてみよう

子どものために、保育者も面白がって

ブランコなどの固定遊具も活用して、新鮮な感覚をもてるように工夫してみよう。ロープなどにすると、揺れる感覚が味わえていいかも！

カラビナを付けたロープがあると、簡単に取り付けられる。

そうだ！③ 室内での遊びにもつなげよう

育ってほしいことをイメージして環境づくり！

投げる動きも経験させたい。
できれば室内でも遊べるようなものを工夫しよう。サッカーゴールにお化けをぶら下げて、手裏剣を投げてみよう。室内では絵や箱を的にするといいかも。

そうだ！④ 子どもの発想を柔軟に取り入れよう

子どものイメージを実現できるように！

子どもの「やりたい」「動きたい」気持ちを尊重しよう。できるだけ子どもから出た動きは取り入れていこう。丸太も使うかな？ 忍者走りも…。

園庭や小学校校庭を活用して体をたくさん動かして遊んでみよう

忍者のイメージはどうかな？
5歳児クラスの子どもたちが忍者ごっこをやっている。その姿をよく見ているから、「忍者」はイメージがもちやすく、動きが引き出しやすいかな？

誌上で公開保育!!
前ページの環境構成のポイントや担当保育者の **そうだ!** などを見ながら、この園での実際の保育をイメージして、学び取りましょう!

私の園の環境図

環境と指導の工夫

- ホールや保育室で体を動かす心地良さや楽しさを味わう経験をするとともに、園庭の環境にも慣れて興味が出てきた頃には、外でも体を自由に動かせるようにする。
- 園庭での遊具の使い方に慣れてきたところで、遊びに変化を付け、自分から取り組んでみたくなるように巧技台やフープ、手作りの遊具などを組み合わせて、ジャンプする、投げる、バランスを取る、などの動きができるようにする。
- 楽しく体を動かすイメージがもてるようなスタート地点を作り、組み合わせた遊具での動きの流れを決め、安全に遊べるようにする。
- 保育室やホールで使い慣れた遊具（ネットの山…網にトンネル）を外でも使うことで、登る、トンネルにしてくぐる、ジャンプする、ピョンピョン跳ぶなど、多様な体の動きが体験できるようにする。
- 子どもの興味に合わせて、遊具の配置やイメージを変える。繰り返し楽しめるようにお化けの場所を変えたり飛び降りるマットに色のテープを張り、遠くに跳ぶようにしたりして変化を付けると新鮮に感じ、興味が持続する。

取り組みの様子（遊びの様子）

- 忍者のイメージは子どもに受け止めやすく、「修行する」と言ってスタート。「修行の道」の設置を待ちかねたように入り口をくぐって遊び始めていた。
- 友達の様子を見て、巧技台から飛び降りるときに忍者になって、「とびおりのじゅつ」と、遠くまで飛ぼうとしたり、半回転して飛んでみたり、自分で動きを考えて飛ぼうとしていた。
- 3～4回繰り返すとやめる子もいたが、多くは30分ほど繰り返している。
- コースに沿って動いていくのでぶつかることもなく、飛び降りるときには順番を待つこともできた。
- 跳んだり飛び降りたりバランスを取ったりしながら、動きを楽しむ姿が見られた。

環境の再構成

- 自らやりたくなったときにできるように、園庭の遊具と同じ感覚で使えるように常設しておくことで、毎日取り組む子もいれば、2日目以降に興味を示す子もいる。
- 数日たつと、園庭に並んでいる丸太や5歳児がチャレンジしていたロープにも興味を示して「修行」する姿も見られた。

4歳児 春の実践事例 その2

主体的・対話的で深い学びに向けてのヒント

もっと工夫できそう！ 他学年では？

応用・発展ほか

- 室内でもお化けを使って遊べるように、みんなでお化けの絵を描いて「お化けの森」などを作り、「忍者」の遊びが広がるようにする。

- 投げる物も手裏剣のほか、煙玉など、手作りすると愛着がもてる。

- 忍者以外にも「探検」など、子どものイメージで動きを楽しめるようにしていくと、ジャングルジムに登って「ライオンはっけん！」など、主体的な遊びが広がり、登る、走るなどの動きも増える。

- 音のするタンブリンなどを置いておくと、さらにジャンプが楽しめる。スポンジを挟むと、音がきれいに鳴る。

3歳児では

4・5歳児の様子を見てやりたい気持ちが高まるので、忍者のダンスを取り入れたり、ジャンプ台も小さくしたミニコースを作ると楽しめる。

5歳児では

5歳児では、チャレンジしたい気持ちが高まり、自分の課題をもつ姿が見られるので、4歳児のときには体験していないような場が必要になる。
園庭にある樹木を活用して「ロープ」の遊び場を設定すると、さらに意欲的に取り組めるようになる。
ロープをうまく張るためにはある程度の技術が必要なので、専門家に習っておくと、保育者でも張れるようになる。

こんなふうにやってみませんか？

「忍者」「探検」「○○隊」などのイメージが加わることで、動きも活発になりました。自分の園の園庭をもう一度よく見ると、子どもがチャレンジしたくなるような環境をつくれる場所があるのではないでしょうか。この事例をヒントに、何か一つだけでも置くと変化が付き、子どもの「やりたい」気持ちを生み出します。そんな場所がないか、園の環境構成を見直してみましょう。
遊具にいろいろな物を組み合わせることで、園庭の遊具が新鮮に感じられ、気持ちが継続して、体を動かす楽しさにつながります。

4歳児 夏の実践事例 その1　　事例-⑪

色水って楽しいな

環境構成を考えるときに…子どもの姿と保育者の願い（ねらい）などから、整理してみよう！

子どもの姿
春には、花を摘んで飾ったり、花束にしたりして、草花遊びを楽しんできました。少しずつ暑くなり、水を使っての遊びも増える時期、園内にある草花でどんな色が出るのかと興味をもち、5歳児がやっている色水に関心を寄せています。

保育者の願い
身近にある夏の草花を使って色水遊びをする中で、自然の草花や実から出る色の美しさや変化する不思議さなど、いろいろな気付きや発見があります。繰り返し遊ぶことで、草花や実に親しみ、興味・関心をもって色を混ぜたり水で薄めたりして試しながら、工夫していく姿を育てていきたいと思います。また、友達と比べたり、一緒に遊んだりしながら遊びを共有する楽しさを感じられるようにしたいものです。

ねらい
- 色水遊びを通して、身近な自然の草花や実などに親しむ。
- 友達と関わって遊ぶ中で、イメージを膨らませながら試したり工夫したりする。

内容
- 園内の自然の草花や実を使って、色水作りの楽しさを味わう。
- 友達と協力して、色水を作ってみようとする。

環境構成を考える上でのポイントは…

多様な色の美しさをたっぷり楽しめるようにしたいな

そうだ！①　色水に使える草花、実を見つけよう！

前もって計画的に！

※各々で色の出し方も様々なので調べておこう！

色	色水に使える草花・実
黄	マリーゴールド、キバナコスモス、キンセンカ
赤	オシロイバナ、サルビア、ニチニチソウ
紫	赤シソ、フジ、ヤマモモの実
青	クサギ、ツユクサ
緑	お茶の葉、ヨモギ
その他	アサガオ、マツバボタン

- 遊びに使える花を計画的に栽培しましょう。
- どの花を摘んでもいいのか、コーナーを決めるなどして、子どもにも分かるようにしておきましょう。
- アレルギーの子への配慮を忘れずに。
- 染まると取れなくなる色の花や実もあります。服装にも注意しましょう。

※ヨウシュヤマゴボウは入手しやすく、紫色を出すのに便利ですが、毒性があるので気を付けましょう。もし触ったら、手をしっかり洗いましょう。

4歳児 夏の実践事例 その1

そうだ！2 どんな道具があったらいいのかな？

楽しいかどうか、試しておこう

- すりこぎを使い、すり鉢でゴリゴリするのも楽しい。できた色水を入れる容器も工夫してみよう（ペットボトル、プリンカップ、ジョウゴ、ドレッシング容器、透明カップ、卵パック）。

卵パックを使うと、色が混ざってグラデーションができ、新たな発見につながる。

そうだ！3 色の違いを比べてみよう！

「どっちが濃いかな？」

- どの花を使ったらどんな色ができたのか、花の種類によって同じ色でも微妙に違うことなどに気付くようにしてみよう。
- 光を通して見ることで、透明度の違いに気付くようにしよう。

縁日のキンギョすくいで使われている小さいポリ袋も便利!!

そうだ！4 ごっこ遊びも楽しいよ！

「ジュース屋さん、リンゴジュースください?!」

出来上がった色水を使って、たくさん並べてジュース屋さん。テーブルや椅子、看板なども準備して、オープンカフェの誕生！ みんなが見える場所、並べ方を工夫してみよう。
透明の容器、カップ、ペットボトルやストローなどは、多めに用意しておこう。

もっと楽しくなる道具や材料

- 玉じゃくし（色水をすくうため）
- すりこぎ、すり鉢（花をすり潰して色水を取るため）
- 透明のボウルや観察ケースのような容器など（色の観察）
- スポイト（色の変化の観察）
- 水をはじくビニール系の白いテーブルクロス（色の判別のため）
- メニュー用の画用紙、油性フェルトペン（水でにじまないように）
- 科学者気分で目盛りを見て量も計れる計量カップなど

誌上で公開保育!!
前ページの環境構成のポイントや担当保育者の "そうだ!" などを見ながら、この園での実際の保育をイメージして、学び取りましょう!

私の園の環境図

環境と指導の工夫

- どの花・葉を使うとどんな色が出るのか、園内のどこにどんな花や実などがあるのか、保育者が把握しておく。園内の植物の栽培計画を一覧にしておくとよい。
- 身近な自然の草花や実に興味・関心がもてるよう、保育室に図鑑などを準備して、いつでも見られるようにしておく。
- じっくり遊べるようにテーブルや椅子を用意したり、日差しを覆う配慮をしたりする。
- 遊ぶ子どもの人数によって、道具の数や量を調整する。
- 色水作りには、色がよく見える透明のカップ、ペットボトル、ポリ袋などを、子どもたちが気付きやすい場所に準備しておく。
- 作った物を置いておく場所をつくり、子どもの意欲に応じて繰り返して遊べるようにしておく。
- 異年齢が関わって遊ぶ中で、色水の作り方や道具の使い方、コツなどを教え合えるように配慮していく。
- オシロイバナ、キバナコスモス、アイなどを、自由に摘み取ってもよい物として育てておく。

取り組みの様子（遊びの様子）

- ポリ袋の"モミモミ色水"から、カップや棒、手を使っての"つぶして色水"そして、ペットボトルを使っての"シャカシャカ色水"と発展が見られた。
- 水の調整をしたり色水を混ぜたりすることで色に変化が見られ、「ぶどうジュースみたい」「おちゃだよ」「こっちのほうがまっかにできた」など、驚きや発見を言葉で伝え合っていた。
- 興味深そうに見ていた年下の友達に、教えながら遊びを楽しむ様子が見られた。
- 透明感を出したり、混色を楽しんだりして、自分なりに目的をもって作っている子、偶然できた色を見立てている子など、違いは見られるが、繰り返し試している子が多かった。

環境の再構成

- 園内にはない草花や実、新たな道具なども準備し、もっとやりたいという気持ちが高まるようにしよう。
- 作った色水の色を見比べられるように、色相環図（右図を参照）を用意し、微妙な色の違いに気付けるようにしていく。
- 卵パックを使うと、隣の色水が混ざって自然に色のグラデーションができて美しい。その美しさを発見したり感動したりしている姿を大切にしたい。
- ジュース屋さんが始まったら名前を付け、メニューを作るための材料を用意する（画用紙、油性フェルトペン）。
- 小型のペットボトルを大量に用意して、色の違いを見てみることも。

4歳児 夏の実践事例 その1

主体的・対話的で深い学びに向けてのヒント

子どもたちの心を引き付ける色水遊び

応用・発展ほか

年齢に応じて配慮を考え、道具や材料を変えることで、豊かな体験になります。

3歳児では 自分の物が大切!

- 3歳児は自分の物という気持ちが強いものです。一人ひとりが安心して作ることができる場や道具が欲しいですね。
- 使い終わった花を入れるカゴ、水を調整しながら入れられるカップなど、自分の物として使える環境が大切です。

5歳児では 色水を使って布を染めてみよう!

マリーゴールドやキバナコスモスで布を染めてみましょう!
①マリーゴールドの花と水を入れて、鍋で煮る。
②タライに移し、ミョウバンを入れる。
③布を入れて②につける。
④少しおいてから布を取り出し、絞って干す。
※ミョウバンを入れると色が変化します。その瞬間を子どもと一緒に見て、驚きを共有しましょう。
※5歳児なら、布にゴムを巻いて絞り染めにしても模様の面白さが出ます。
※子どもが鍋に近付かないように、安全な場所で準備。
※ミョウバンや染液は、40℃以下にしてから実践する。

ほかにもこんなことが…!

- 和紙などに濃いめの色水で絵を描いてみよう。
- トイレットペーパーと色水を使って、カラフルな紙粘土を作ってみよう。

食紅を使った色水も…

食紅を使った色水と、自然物を使った色水の色の違いを話し合ってみよう。違いを比べて楽しむことができる。どんなことに気付いてくれるだろう?

こんなふうにやってみませんか?

色水遊びで遊んで"偶然できる色"を楽しむ中で、色の出方の違いに気付いていきます。さらに、作り方によっても色が違うという"発見"や"追究"が出てきます。「なぜ?」「どうして?」と考え、「やってみよう」「試してみよう」と行動する心が思考力、判断力の基礎となり、科学する心も育っていきます。保育者も一緒に遊んで! 感じて! 考えて!

4歳児 夏の実践事例 その2　　　　　事例-⑫

ダイナミックな水遊び

環境構成を考えるときに…子どもの姿と保育者の願い（ねらい）などから、整理してみよう!

子どもの姿
暑くなりバケツやペットボトルに水を入れて遊んだり、砂場で池や川を作って遊んだりしています。プール遊びも始まりましたが、「プールが苦手」「着替えが面倒」と、なかなか水着に着替えようとしなかったり、顔に水が掛かることを嫌がったりする子もいます。一方、顔に水が掛からなければ水を使った遊びは大好きで、全身がぬれてしまっても平気な子もいます。水に関して子どもは様々な思いを抱いているようです。

保育者の願い
水遊びやプールでの遊びは時期が限られています。せっかくの限られた時期に子どもたちが水に親しみ、体を使って遊びながら、「こんなことをして遊ぶと楽しい！」「思い切り遊んで面白かった」と、家庭ではできないダイナミックな遊びを十分に体験できるようにしたいと思います。

ねらい
- 水を使って体を動かして遊ぶことを十分に楽しむ。
- 夏ならではの遊びをダイナミックに楽しむ。

内容
- 水を使って遊ぶ心地良さを感じる。
- 水の感触を楽しむ。
- 水の中で伸び伸びと体を動かして遊ぶことを楽しむ。
- ダイナミックに動いて遊ぶ楽しさを感じる。

環境構成を考える上でのポイントは…

ワーワー！ キャーキャー！水の面白さを味わえるようにしたいな

まずは プール遊びでは、安心できる場所を作ろう

いろいろな子どもの姿を思い浮かべて
シャワーやプールで水が顔に掛かることに抵抗感をもつ子もいます。でも偶然水が掛かってしまっても、遊びに夢中なときは案外気にしていないこともあるもの。どんな対応をすればよいでしょう？
- 安全基地的な場所（プールの端など）を作る。
- 『あぶくたった』などのゲーム遊びを、プールの中でする。
- 保育者がプールの中央に立ち、「消防隊出動！」と呼び掛け、みんなで保育者にバシャバシャ水を掛ける。
→知らず知らずのうちに、頭や顔に水が掛かってしまっていた…。
→それほど気にならなくなる…。
→こんなことをしているうちに、少しずつ慣れていきます。

4歳児 夏の実践事例 その2

そうだ！ 安心してプールの支度ができるように

子どもが主体的に取り組めるように

- 紙芝居のように手順を分かりやすく視覚で説明する。そしていつでも確認できるように掲示しておこう。

- 一人ひとりにマークや名前の付いたカゴを用意して、自分の物と友達の物との区別がつくようにする。自分で脱いだ物は畳んだりそろえたりしておく習慣は付けたいな。ズボンだけでも畳めたら褒める、などを繰り返し、自分でできることを増やしていこう。
- 早く着替えられた子どもが飽きないで待っていられるように絵本を用意しておく、体操をするなどして時間差を考えていこう。

こんなことも！ ダイナミックに！

夏ならではを様々に

- 砂場で山を作り、周りに川や堀を作って水を流し、川に見立てた中に物を浮かしたり流してみたりして遊ぶことも楽しいだろうな。
- 大きい山を作って固め、登ってジャンプする。川に落ちないようにジャンプしたりして遊ぶ。砂場なので、何回も山を作り直せるし、ジャンプに失敗して転んだりしても痛くないね。
- フィンガーペインティングもやってみよう。机の上に絵の具を出して、指で絵を描く。水着なら体に絵の具が付いても、洗い流せば大丈夫。

フィンガーペインティングの絵の具が流れ落ちないように、あらかじめ机の縁に枠を付けておきます。

クラフトテープを幅1/3の所で折り、机の縁に貼る。

ほかにも ホースを使って修行みたいに！

子どものワクワク！ドキドキ！のために

ホースに穴をいくつかあけたものを、うんていなどを利用してぶら下げておこう。上からも下からも水が飛び出すように、地面にも置いてみたら面白いかな。ホースに水を流して、ぬれないようにくぐったり、跳んだり、また、あえてぬれるように通ったりして、水と遊べるようにしてみよう。

水鉄砲なら、水が掛かっても大丈夫！

消防隊出動!!

そうだ！ 片付けや着替えの動線を考えよう

これも環境構成！

- 使った物を置く場所（カゴを用意）
- 水着を着替える場所（足洗い用のタライ、足拭きマット、水着の置き場所など）
- 休息を取る場所（ゴザを敷き、絵本が読めるようにしておくなど）

環境と指導の工夫

- 水を使って遊ぶと気分が高まったり感触を楽しんだりでき、気持ちも解放される。一方、顔に水が掛かることやぬれるのが気になる子どももいるので、その子に合った言葉の掛け方を工夫していく。
- 水を使った砂遊びやフィンガーペインティングなどの遊びは、大胆な動きが予想される。汚れを気にしながら取り組む子どももいるので、動きや遊びの様子を見ながら、安心して挑戦できるように言葉を掛けていく。
- 少々汚れても気にせずに遊ぶと楽しいという思いがもてるように、イメージや目当てになるような言葉を掛けていく。
- 水を使って遊ぶときは、はだしになったり水着になったりしている。危険な物が落ちていたり、肌を傷つけるような物を周りに置いていたりしないように注意しておく。
- 水を使って遊ぶことは楽しいが、水を管理することも大切。水道の栓を閉めることも意識付くように、声を掛けていく。
- 水着に着替える前に排泄は済ませておく。

取り組みの様子（遊びの様子）

- 砂場で山を作ってジャンプを楽しんでいる子どもの中には、山作りそのものを楽しんだり、川に水を流すことを面白がったりしている子もいる。また、シャベルで砂を盛り上げて山を作った後、できた穴に水を入れて、水が砂に染み込むことを何回も楽しんでいる子もいる。川を飛び越えようとするはずが、川にわざと入ったり転んだりして、感触を楽しむ姿もある。
- プールに抵抗感がある子どもも多いが、中に入っただけでも満足感をもっているようである。
- フィンガーペインティングの触感を楽しむ子どももいるが、感触や汚れることを嫌がる子どももいる。

環境の再構成

- プールの中で高低差を付けたり、なりきって動くような体操などを取り入れたり、曲をかけたりして、床の上とは違う感覚や、水の中で動くことを楽しめるようにしてみよう。
- 子どもの様子に合わせてフィンガーからボディにペインティングを広げ、体中に絵の具を塗りたくって遊ぶことも楽しめるようにしていくと、一層楽しくなるかな。

4歳児 夏の実践事例 その2

主体的・対話的で深い学びに向けてのヒント
水と もっと親しめるように 5歳児では？

応用・発展ほか

ミニプールを作って!!

ゴムで動く船作りも5歳児ならではの作る活動。「うまくすすむかな？」「どっちにゴムをまくのかな？」と、作ったらすぐに試してみたくなる。
大きなプールでは波が立ってしまう。保育室の近くにミニプールを作ってみよう。積み木を組み立てて、その上にシートをかぶせて出来上がり。
試行錯誤をたくさん体験できる。

ウォータースライダー!!

築山にビニールシートをかぶせ、そこに水を流してウォータースライダーごっこのように遊べる。
お尻・腹ばい・横向きなど、いろいろな滑り方に挑戦できるようにして、子ども同士ぶつからないように注意を促していく。ビニールシートが滑るので、登るのも大変になるけれど、それも面白い遊びとなる。

こんなふうにやってみませんか？

水遊びでは「じっくり」と「発散」両方の体験ができます。場のつくり方を考え、互いをじゃましないように、また、遊びや片付けの動線に配慮して場を構成します。思い切り遊ぶことで心も解放されますが、ふざけ過ぎると思わぬ事故につながりかねません。子どもの様子を把握し、あまり規制をしないようにしながら、安全に、かつ楽しく遊べるようにしていきたいものです。
子どもたちが大好きな水遊びを存分に楽しめるように場や道具を工夫することで、水が苦手だった子どもも笑顔で楽しめるようになります。プール遊びに限定せず、いろいろな水遊びを楽しんでいきましょう。

4歳児 秋の実践事例 その1　事例-⑬

土粘土で遊ぼう

環境構成を考えるときに…子どもの姿と保育者の願い（ねらい）などから、整理してみよう！

子どもの姿
一学期は汚れることを嫌がる子どももいましたが、泥んこ遊びを繰り返しする中で、徐々に抵抗感もなくなり、楽しんでいる姿が見られます。砂や泥の感触を楽しんだり、いろいろな物に見立てたりしています。

保育者の願い
土粘土は可塑性が豊かで、ほかの粘土とは違う感触を味わえ、形が自由に変化する素材なので、自分の思いを自由に表現したりイメージを膨らませたりしやすいと思います。このような素材に存分に触れながら、一人でじっくりと関わったり同じ場にいる友達と刺激し合ったりできるように、環境を考えたいと思います。

ねらい
- 土粘土の感触を味わいながら、自分の思いを自由に表現する。
- 形が変化することを楽しみながらイメージを広げる。

内容
- 丸める・伸ばす・たたく・足で踏むなど、様々な方法で土粘土と関わる。
- 偶然できた形から、いろいろな物に見立てて遊ぶ。

環境構成を考える上でのポイントは…

💭 土粘土の感触を味わって思い切り表現を楽しめるといいな

まずは 興味をもって関われるような環境にしたいね！

新鮮な出会いにしたい！
- 新鮮な気持ちで、興味をもって関われるような出会いにしたいね。
- 個人の興味に応じて、体全体で関われる場と、自分の作りたい物にじっくり取り組める場もつくりたいね。

土粘土の準備は？
- 土粘土の柔らかさは練り込む水の量で決まる。作りやすいのは耳たぶくらいの柔らかさ。急に使おうとしても使えないので、何日も前からよく練って、子どもが扱いやすい柔らかさにすることが大切。

- 15cm四方位の塊にして、変形した形で置いておくと、その形からもイメージが広がるかもしれない。

がいじゅうが ふんづけた みたい!!

まくら みたいね

4歳児 秋の実践事例 その1

そうだ！1 個人の興味に応じて選択したいね

自分の思いを自由に表現できるように

シートの上に塊をバラバラに置き、ダイナミックに取り組めるような場と、じっくり取り組める場をつくり、個人の興味に応じて選択できるようにしよう。

足に付けて靴にしたり、手に付けて手袋にしたりして、感触を楽しめるようにしよう。

そうだ！2 友達と一諸に作る楽しさを感じて、場を広げてみよう

協同性を育てるためにも

- シートの広さは、伸び伸びと遊べて、しかも友達との距離が離れすぎない方がいいかな。
- 友達の存在を感じながら、互いに模倣したり遊びの内容を共有できたりするといいな。
- 粘土をつなげて長くしたり、踏んで広げたり、ぴょんぴょん岩にして飛んだり……など、活動に応じて対話的な学びが広がるような場づくりをしよう。

対話的な学びが広がるように。

そうだ！3 次につながる片付けにしよう！

いろいろな所で、遊び→学び！

土粘土を塊（15cm四方くらい）にして保管容器に入れる。子どもたちと一緒に行うと、片付けも遊びのようになる。「レンガになるね」「この形だよ」と、言葉を掛けよう！

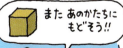

手や足を洗えるようにしておこう。

※粘土の管理の仕方はP.66参照。

誌上で公開保育!!
前ページの環境構成のポイントや担当保育者の そうだ! などを見ながら、この園での実際の保育をイメージして、学び取りましょう!

私の園の環境図

- やめたくなったら、すぐに足を洗えるようにする。絞った雑巾を近くに置く。
- 全身で遊べるように、シートの上では、はだしになる。
- 必要に応じてシートを広げる。
- 粘土を丸めたり伸ばしたりして遊べる机。
- 土粘土は取り出しやすいように10～20cm四方くらいの塊にする。

環境と指導の工夫

- 全身で、はだしで思い切り遊べる場としてシートを準備する。また、机の上でも作れるように準備し、個々の経験や遊びたい内容に合わせて選択できるようにする。
- 粘土は4歳児が扱いやすく少し重さが感じられるような、10cm～20cmくらいの塊を用意する。
- 一度に全ての粘土を出すのではなく、遊びの様子を見ながら補充していく。
- シートの広さは友達が作っている様子が感じられるように、最初はあまり広くしないで、必要に応じて広げる。
- 偶然できた形からいろいろな物に見立てたり、イメージをもちながら遊びを展開している姿を捉え、一緒に発想を広げたり共感したりする。
- 偶然つながったり、お団子を並べて長くしたりなど、友達との関わりが楽しめるように働き掛ける。
- 保育者も一緒に遊びながら、土粘土の感触を存分に楽しめるようにする。
- 片付けは粘土を塊にして容器に入れ、空気に触れる面をできるだけ小さくし、汚れた手や足を洗い、身の回りをきれいにするように働き掛ける。

粘土の管理

- 土粘土は常に耳たぶぐらいの柔らかさになるように管理します。
- 15cm四方くらいの塊にして、適当に穴をあけ、水分を補給し、ポリ袋に入れて密封します。時々水分を補給してください。
- キャスター付き衣装ケースで管理すると便利です。

取り組みの様子（遊びの様子）

- 土粘土を見て「いしがきみたい」と触りながら準備を始め、「シートでしていい？」「わたしはつくえでしよう」と友達に声を掛け、自分のしたいやり方で遊び始めた。
- シートで遊んでいる子どもたちは、「あしでふもう」と数人が集まり「エイエイエイ」「ドンドンドン」とリズムを付けて跳んだり、「せーの」と手をつないで一緒に跳んだりして踏んでいた。足で広がった粘土から、水族館・おうち・公園などのイメージをもち、粘土を丸めたり、塊を立てたりした。
- 遠足で行った水族館をイメージした子どもの発想が広がり、「これはカメ」「オオサンショウウオもいるで」と、5・6人が水族館の生き物を作り始めた。保育者が「水槽から水がこぼれます」と水槽の囲いを作ると、子どもたちも囲いを作り、場が少しずつ広がってつながり始めた。
- 「ケーキつくろう」と、土粘土の土台に丸めたり伸ばしたりした飾りを付けて、じっくり遊んでいた。友達のケーキを「おいしそうね」と認める姿もあった。

環境の再構成

- 遠足で行った水族館のイメージを共有し始め、水槽がつながり場所が狭くなってきたので、少しシートを広げる。
- 土粘土の量も足りなくなってきたので、子どもの様子を見ながら補充する。

4歳児 秋の実践事例 その1

主体的・対話的で深い学びに向けてのヒント
いろいろな粘土のこと、もっと知ってみよう

応用・発展ほか

いろいろな粘土を体験しながら、粘土の良さに触れ、存分に楽しさを味わってほしいものです。そのためには、まず保育者が粘土に触れ、それぞれの特性を生かした遊び方を知ることが大切です。

小麦粉粘土

汚れを気にする子どももいるので、子どもが初めて出会う粘土は小麦粉粘土がいいでしょう。
絵の具などを混ぜると美しい色になり、イメージがもちやすく、感触もとてもいいので3歳児は大好きです。
※小麦粉アレルギーの子どもがいる場合は使用しない。

土粘土

地域ごとの土壌によって、赤かったり茶色かったり、色や土質が違います。その土の特性を生かすことが大切です。それぞれの土ごとに、感触や量感の違いが味わえると思われる。
全身で関わることから始め、塊で遊ぶ中で、腕から手先を使ってひねり出したりつまみ出したりする技法も習得しながら、変化する不思議さや立体的に表現できる面白さを感じていく。最初から作品を作ることが目的ではなく、存分に土と触れ合うことを大切にしたいもの。

焼き物…地域の方にも協力してもらおう

自分が作った物が実際の生活の場で使えると、子どもたちは喜ぶ。土粘土で作った入れ物が焼かれると感動する。表現した物と生活がつながる。
園で焼くことは難しいので、陶芸教室を行っている所や、地域の中で詳しい方がいらしたら相談してみよう。

こんなふうにやってみませんか？

4歳児は自分の思いを伸びやかに全身で表現する時期で、全身で取り組める素材が必要です。土粘土は塊そのものからイメージを広げたり、立体として捉えたりできる、自由な発想と表現を生み出す素材です。土粘土は準備も製作も大変と思いがちですが、次につながる片付けをし、作ったり壊したりを繰り返す楽しさを味わい、表現の喜びにもつながる面白い教材になります。園の先生方だけでは実現できないことは専門家のアドバイスを受け、経験を広げていきましょう。

4歳児 秋の実践事例 その2

事例-⑭

サーキットで遊ぼう

環境構成を考えるときに…子どもの姿と保育者の願い（ねらい）などから、整理してみよう！

子どもの姿

園庭にある鉄棒・登り棒・太鼓橋などの固定遊具にも慣れて、自分から繰り返し挑戦する姿が見られます。
また、園庭にある瓶ケース・フープ・縄・ケンステップ・タイヤ・巧技台などの移動遊具を組み合わせて、登る・ジャンプする・走る・くぐるなど様々な動きを楽しむ姿も見られます。
しかし、寒くなってくると自分から戸外で遊ぼうとしない子どもの姿も見られます。

保育者の願い

思い切り体を動かして遊べるように、移動遊具を使ってイメージに合わせて組み合わせたり、新たな遊びを創り出したりすることを楽しんでほしい。繰り返し挑戦することが楽しいと思えるように、友達と一緒に考えてコースを作り、繰り返し遊ぶ中で、様々な体の動きを経験してほしいと思います。

ねらい

- 自分からやってみようという気持ちをもち、体を動かして遊ぶことを楽しむ。

内容

- 移動できる遊具を使ってサーキットコースを作る。
- 繰り返し体を動かして遊ぶ。
- 友達のやり方を見て、自分もやってみようとする。

環境構成を考える上でのポイントは…

繰り返し取り組み いろいろな運動を 楽しめるようにしたいな

そうだ！ いろいろ組み合わせてコースを作れるようにしよう！

「子どもと一緒に環境づくり」も！

移動遊具は、組み合わせが楽しい。園庭に移動遊具を並べておくと、子どもが集まってきて遊び始めないかな。友達と一緒にコースを考えて作ることができたら、もっと楽しいだろう。
固定遊具と組み合わせて遊べたらさらに楽しくなるかも。少し難しいことにチャレンジして、できた満足感が得られるようにしたい。

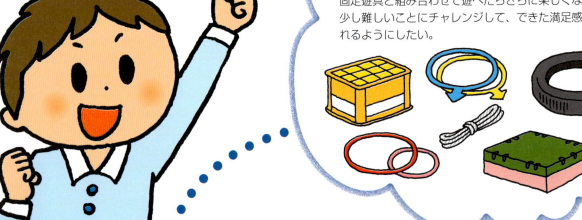

4歳児 秋の実践事例 その2

そうだ！ できた！ という思いを大事にしよう

簡単なできることから少しずつ！

- 簡単コースは、縄とケンステップを組み合わせてジャンプができるといいかな。
- 挑戦コースは、ケンステップと瓶ケース、運動棒で複雑に組み合わせて、ジャンプや登るなどの動きができるようにしよう。
- 運動が苦手な子どもには跳び方などを援助して、「できた」という思いがもてるようにする。

こんなことは！ 遊びながら友達同士 刺激し合えるといいな

子ども同士をつなぐ言葉を掛けよう

- 友達のやっている姿をよく見たり応援したりできるよう、一人の子が終わってから次の子がスタートするようにしよう。
- 「〇〇ちゃんのやり方も楽しいね」など、一人ひとりの姿をよく見て、それぞれが工夫して取り組んでいる姿を認めたり伝えたりしよう。
- 自分たちで新たに考えたやり方に挑戦している姿などをみんなに伝えて、ほかの子の刺激になるようにしよう。

そうだ！ 自分なりの目当てをもてるように

音楽を使ってみる？

- 自分から挑戦し、何度も繰り返し取り組んで遊べるようにしよう。
- ＢＧＭを用意すると、「曲が終わるまでにやってみよう」などと、自分なりの目当てにつながるかな？
- 曲が終わるまで、頑張って続けようとする子どもも出てくるかな？

そうだ！ イメージがもてると、やってみたくなる。固定遊具にひと工夫しよう！

子どもの様子に合わせて工夫を重ねる

固定遊具に動物のイラスト表示を付けてみたらどうかな。
- 鉄棒はブタ（ブタの丸焼き）
- タイヤはウサギ（落ちないように渡る）
- 登り棒はコアラ（しがみついて登る）
- 太鼓橋はワニ（登る）
- 築山はウマ（ポックリで登る）

イメージをもつことでやってみようという意欲が高まり、何度も繰り返して遊び、体を動かすことが楽しめるのでは。

誌上で公開保育!!
前ページの環境構成のポイントや担当保育者の **そうだ!** などを見ながら、この園での実際の保育をイメージして、学び取りましょう!

私の園の環境図

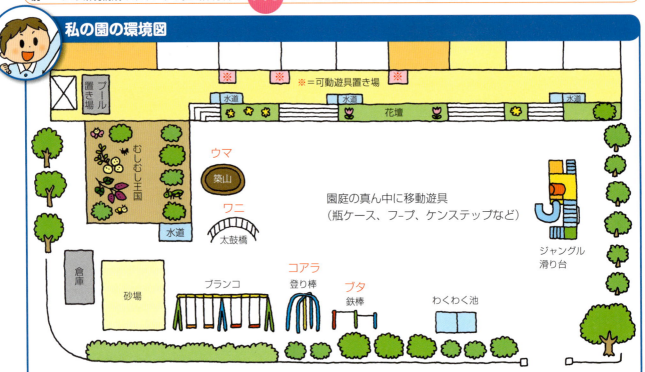

環境と指導の工夫

- 見てすぐに「やりたい」と思えるようなコース作りをする。
- 誰でもすぐにできるコースから始め、徐々に組み合わせを変化させていくことで、サーキットの遊びに期待がもてるように、保育者もアイディアを出していく。
- いろいろな組み合わせ、配置の仕方で多種多様な運動が体験できるようにする。
- 友達と一緒に考えたり工夫したりすることが楽しいと思えるようにする。
- 瓶ケース・ケンステップ・縄・運動棒・巧技台・ベンチ・タイヤなど、園にある物を工夫して取り入れる。
- 保育者も子どもと一緒に遊びながら、それぞれの場の距離が適切かなどのほか、安全面での配慮にも十分に留意する。
- 翌日も自分たちでコース作りができるよう、見やすい場所に用具を片付けるようにする。

取り組みの様子（遊びの様子）

- 園庭にコースを作るとすぐに興味をもち、「やりたい」と遊び始める。何度か繰り返して遊ぶうちに「こういうのはどうかな」と、自分のアイディアを考えて伝える姿も見られる。
- 運動遊びに積極的でない子どもも、友達が楽しそうにやっている姿を見て、自分から「いれて」と参加している。
- 友達のやり方を見て、次はあのやり方でやってみようとまねをしたり、自分はこうしようと違う動きを考えてやってみたりするなど、どの子も繰り返し挑戦することを楽しんでいた。
- 一人ひとりが自分なりにコースに挑戦して、繰り返し取り組む中で「できた」という満足感を味わっていた。

環境の再構成

- 回遊するルートを設定したり、固定遊具やボールを取り入れることで動きの面白さが広がるようにしたりするとともに、コース作りの面白さを味わえるようにする。
- ＢＧＭを用意し、「この曲が終わるまでやってみよう」などと誘い掛け、さらに意欲を引き出していく。
- 動線や安全面も配慮しながら、子どもが考えた配置や方法を取り入れ、遊び方を変化させていくことにより、自分たちで遊びを創り出す楽しさが経験できるようにする。
- 苦手な動きも体験できるように「動物サイコロ」を作り、出た目の動物の動きをするような遊びも取り入れていく。

4歳児 秋の実践事例 その2

主体的・対話的で深い学びに向けてのヒント

いろいろな動きを引き出す遊びのヒント

応用・発展ほか

ボールを投げよう

「投げる」遊びも多く取り入れてみよう。
的に向かって投げる・当てる・投げ入れるなど、多様な体験のできる場をつくる。
玉の大きさも、4歳児は玉入れの玉や手作りの新聞ボールなど握りやすい大きさが投げやすい。
傘玉入れなどは親子触れ合いデーなどで紹介すると、タオルや靴下を丸めて玉にして家庭でも遊べる。

「くぐる動き」を増やして

日常の遊びの中で「くぐる動き」はなかなかないもの。意図的にコースに加えることで、素早くくぐって進む、はって出るなど、運動体験の幅を広げていくことができる。

暗くしたトンネルをくぐる。

三角コーンとバーの障害物をくぐる。

こんなふうにやってみませんか？

移動遊具を使って「サーキットコース」を作ることで遊びへの興味がさらに引き出されます。いろいろな組み合わせ方や配置の仕方により、多種多様な運動を楽しむことができ、友達と一緒に遊びの場をつくったり、工夫して遊びに取り組んだりすることは、遊びや生活に意欲的に取り組む力を育みます。

4歳児 冬の実践事例 その1

事例-⑮

ごっこ遊びから発表会へ

環境構成を考えるときに…子どもの姿と保育者の願い(ねらい)などから、整理してみよう!

子どもの姿

冬休みが明け、2学期の友達との関係を取り戻し、一緒に音楽をかけて踊ったり、楽器遊びをしたりすることも多くなりました。特に「ごっこ遊び」を好み、テレビのヒーローをまねたり、イヌやネコ役になったりして、おうちごっこなども楽しんでいます。
　また、遊びに必要な物をイメージしたように作ろうとする姿も見られます。

保育者の願い

様々な遊びや活動で、4歳児なりに表現する喜びを味わってきました。毎日楽しく活動している様子を保護者の方々に見てもらえる機会として、また4歳児なりの力を発揮して、みんなで表現(劇)遊びを楽しむ機会として「発表会」を考えたいと思います。そしていよいよ憧れの5歳児クラスになることを感じられる場にしていきます。

ねらい

- クラスのみんなの中で、一人ひとりが力を発揮して表現を楽しむ。

内容

- 劇に使う物を自分なりに描いたり作ったりする。
- 友達と同じ言葉を言ったり、自分の言葉で話したりすることを繰り返し楽しむ。
- 役になりきり表現し、できた喜びを味わう。

環境構成を考える上でのポイントは…

なりきる楽しさを存分に味わい演じる楽しさへつなげたいな

まずは 今までどんな表現をしてきたかな?

育ちを見通しながら考える

4歳児はいつでもどこでもごっこ遊び。おうちごっこやサンタクロースごっこも劇ごっこの始まり! どうすれば表現として育ったことに?

テラスやベランダの階段は、すてきなステージになる。
どこでもマイ劇場の感覚を育てておこう!

4歳児 冬の実践事例 その1

そうだ！1 なりきる楽しさは身に付ける物作りから

自分で考えて作った！と思えるように

なりきるためのお面や小道具を、自分なりに考えたり工夫したりして、手作りしてきた。考えたことが実現できるようにして、「なりきり」を楽しもう。なりきりを楽しむ小道具作りに必要な物を準備しよう。

作りやすいように空き箱や紙などの素材やベルトを用意しておこう

簡単ベルトの工夫。ストローにゴムで留める。

そうだ！2 やっぱりイメージを豊かに育てることが一番

絵本がそばにある生活が大切!!

これまで読み聞かせてきたお話が、子どもたちのイメージを豊かにしている。繰り返し読めるように、絵本コーナーも充実させておくことが大切。保育者が読んだ後、手に取って読めるようにしておこう。

そうだ！3 日頃の表現遊びを積み重ねていこう

劇を完成させることが目的？

日頃から踊ったり、楽器遊びを自由に繰り返したりして楽しむことが大切。

どこでも発表会気分を楽しもう

移動音楽ワゴン

遊びの中で表現遊びを楽しめるように、自由に使える道具も置いておこう。

そうだ！4 表現を楽しめる大道具・小道具を工夫しよう

子どもの思いを実現するために

お面のほかにも手作りのリンゴやニンジンなど、自分たちの遊びで作った物も劇ごっこに取り入れていこう。表現を楽しくする小道具を工夫しよう。大道具も運びやすく、使いやすく！

クルクル丸めた囲い。ワラの家はゴムで挟む。

子どもが必要な物を考えながら、遊びの中でのイメージを広げていけるように援助しよう。

子どもの意見から

『七ひきの子ヤギ』ではオオカミが手袋をはめて粉を付けたことにする。

『おむすびころりん』などの転がるシーンは安全に作ろう！

私の園の環境図

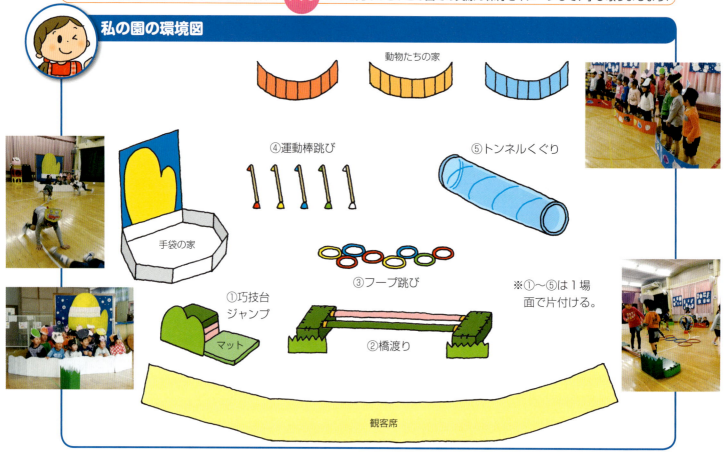

子どもと作ったストーリー…森の中に動物たちのおうちがありました。動物たちは森の中でいつも元気に遊んでいます。そこに誰かが手袋を落としていきました。次々と動物たちは手袋のおうちにやって来ます。でも、手袋を落とした誰かが帰ってきました。さてどうなることでしょう？　手袋の持ち主は、魔女、鬼、お化けなど、毎日変えて劇を楽しめるようにしました。

環境と指導の工夫

- フロア全体を使って伸び伸びと表現できるようにする。
- 劇の内容は、日頃の遊びで楽しんでいる動物やヒーローなどが登場するように工夫し、子ども自らが参加したくなるようにする。2場面構成にし、1場面では動物が森で遊ぶシーンを作り、日頃の遊びの姿が表現できるようにする。
- 友達が表現している姿が見えるような位置にそれぞれの家を設定して、自分の出番までそこで待てるようにする。
- 大道具の木・池や家の枠などは、それぞれの役で自由に遊ぶ中で保育者とともに作り、日頃から慣れた物を劇でも使う。

取り組みの様子

- 1場面では、劇をするというよりも森に遊びに行くことを楽しみ、設定してあるフロアの巧技台やフープでの遊びに喜んで取り組んでいる。
- 自分のお面を大切にし、登園するとすぐにかぶって遊んでいる。
- 表現遊びをするときには子どもとともに森の遊び場の設定をしていたので、変化を楽しみながら様々な動物になりきった動きができた。
- 手袋に入るときには、「いれて」「だーれ？」「くまだよ」など、繰り返しの言葉のやり取りを楽しんでいた。
- 発表会当日はやや緊張した表情が見られたが、森で遊ぶことでいつも通りの表現ができた。

環境の再構成

- 劇の配役を変えて、存分に楽しめるようにする。
- 発表会が終わった後には、ほかの役になって演じたり、未就園児に見せたりして、思う存分表現することを楽しめるようにする。…発表会ごっこをするかな？　そのための環境は？　満足するまでやれる機会もつくろう。

4歳児 冬の実践事例 その1

主体的・対話的で深い学びに向けてのヒント
表現をもっと楽しめるようになる 子どもと作るアイディアあれこれ

劇の背景の工夫
板段ボールに背景を描いた紙を貼った物を、本のようにすると、めくれば背景が変わる。

立体の大道具
緑のポリ袋に紙や綿を詰めて口を縛り、色画用紙などで作った花や草を貼る。子どもでも運びやすく、置いておくだけで野原のイメージに。

応用・発展ほか

その1　未就園児にも見せてあげたい！

- 保護者に見てもらったことが自信になり、「次は小さい子にも見せたい」と、意欲的になった。
- 未就園児に見せることで、「年長さん」になるという自覚も湧いてくる。その際は未就園児の集中時間を考えて、森で遊ぶシーンは短めにするなど、変更しよう。

その2　演じやすい大道具・小道具を工夫しよう

- フルーツは木から外せるように、モールなどで輪を付ける。
- ニンジンは段ボールに穴をあけて刺し、抜きやすくする。

- ブラックライトを使って暗転で変化を付ける。
- 投光器で雪の結晶を映すなど。

3歳児では

ストーリーが簡単で、繰り返しの言葉や動きのある劇遊びを繰り返し楽しもう。

5歳児では

- 表現の楽しさが味わえるように、劇の中でもグループで踊り方や動きを考えて変えるなど、場面を大事にする。
- 身に付ける物などは、役のイメージが表現できるように、手作りしやすい材料を提示する。
※不織布のマント、レースのスカート、オーガンジー、カラーポリ袋など

こんなふうにやってみませんか？

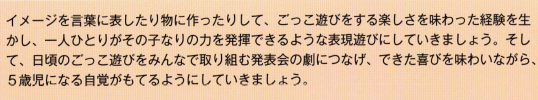

イメージを言葉に表したり物に作ったりして、ごっこ遊びをする楽しさを味わった経験を生かし、一人ひとりがその子なりの力を発揮できるような表現遊びにしていきましょう。そして、日頃のごっこ遊びをみんなで取り組む発表会の劇につなげ、できた喜びを味わいながら、5歳児になる自覚がもてるようにしていきましょう。

4歳児 冬の実践事例 その2

事例-⑯

地域の方にいただいたタイヤで遊ぼう

環境構成を考えるときに…子どもの姿と保育者の願い（ねらい）などから、整理してみよう！

子どもの姿

地域の方からタイヤをいただきました。子どもたちはタイヤに直接触れたことがないので、興味津々です。5歳児は早速園庭でタイヤを使って遊び始めました。

それを見た4歳児も触ってみたいようです。5歳児が引き上げていった園庭で、5歳児のまねをして遊び始めました

保育者の願い

園庭の遊びに変化が出て、運動遊びにも活用でき、さらに4歳児の「やってみたい」気持ちを満足させることができると考えます。安全に楽しく遊ぶために場を

分けたり、片付け方や管理の仕方も考えていこうと思います。

ねらい

- タイヤの使い方を考えたり工夫したりして遊び、楽しむ。

内容

- 体を動かして遊ぶ楽しさを味わう。
- 弾む・転がるなどのタイヤの特性に気付く。

環境構成を考える上でのポイントは…

いただいた物を うまく生かしたいな

そうだ！①　タイヤの特性を考えよう

教材研究として、前もって保育者が扱っておこう

弾む、転がるなどの特性があるよね。
今まで園内にはない感覚が味わえるかな？

4歳児 冬の実践事例 その2

そうだ！② 運動遊具として使えるかな？

子どもにとって面白い動き、不足している動きは？

タイヤの上でゆらゆら。

またいでバランスを取る。

押す動きの体験が少ないからタイヤは使える。

でも！ 危険なことがあるかもしれない

子どもが思い切り遊べるように

ほかの遊びと重ならないように、また、ぶつからないように、遊ぶ場所を考えよう。タイヤの広場を決めよう。特に転がす場所は注意！

そうだ！③ ほかの遊具や環境と組み合わせたらどうかな？

園の環境づくりとして提案していくことも…

木に立て掛けておけば木登りの足場になる?!

タイヤを立て掛け、ロープで縛っておけば安全！

ブランコの代わりにゆらゆらさせたら「揺れる」感覚を楽しめる?!

ロープでぶら下げて。

ほかにも もらった物がある！積極的に使ってみよう

地域との結び付きを深めよう

大きなカボチャ、電線ドラムや竹など、地域からいただいた物は利用させていただこう。教育・保育に生かしていくことで、地域とのつながりをより深められるかな？
地域の方々が園と関わろうとしてくださる機会があれば、その思いを受け止めることも大切。

突発的なことにも応じていこう！

急にいただいた物であっても、保育に生かすことを考えましょう。そのときの教育課程や指導計画に位置付くものとして関連を考え、活用できるとよいですね。

誌上で公開保育!! 前ページの環境構成のポイントや担当保育者の そうだ! などを見ながら、この園での実際の保育をイメージして、学び取りましょう!

私の園の環境図

環境と指導の工夫

- タイヤは出し入れしやすい場所に置き、自由に使えるようにする。
- タイヤを転がして使う場所は動線を考え、ラインなどを引いて区別する。
- 乗ったり転がしたりするときは、バランスを崩すこともあるので、様子を見て安全な扱い方を指導する。
- 意図的にサーキットとして場に設定し、回遊しながら、興味をもって繰り返し取り組めるようにする。
- タイヤの内側に雨水がたまるとボウフラが湧き、蚊(か)の発生につながるので注意する。

取り組みの様子

- タイヤに初めて出会うので、一人が転がし出すと、次々にタイヤを取りに行き転がす姿が見られた。
- 友達の様子を見て、簡単に動かせると思ってタイヤに触れると、扱いや重さに四苦八苦することもあった。
- タイヤに乗ると弾力があり、弾むのでバランスを取ることが面白く、繰り返し遊ぶ姿が見られた。
- タイヤに慣れてくると遊びがダイナミックになり、遊び方がほかの子に広がっていった。

環境の再構成

- タイヤを動かすだけでなく重ねて置くことで、家のイメージで中に入ったり、乗ったりという動きを引き出す。
- 置く場所によってはテーブルに見立てて、砂場のお皿や鍋などを並べて遊ぶこともできるなど、多様な活用方法を考えていく。

主体的・対話的で深い学びに向けてのヒント
地域からいただいた物で、環境も遊びも豊かにしよう

応用・発展ほか

ハロウィンの頃には大きなカボチャをいただくこともあります。園庭に転がしておくと、なでたり転がしたりし始めます。そのうち、乗ってみたり飛び越したり…。

木の幹や竹などももらうことがあります。高さを変えて運びやすい大きさに切っておくと、運動遊具や遊びの環境にも生かせます。

竹馬も作ってみましょう。

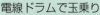

丸太のテーブル　　　電線ドラムで玉乗り

カボチャを飾ると、在園児だけでなく園に来る未就園児もほっと心が和む空間になります。

竹をもらった…

竹で花器を作っておくと、5歳児ならみんなでお花を生ける活動にもつながります。保育者が生けたら和風の環境になります。

モウソウダケのプランター

①のこぎりで❶〜❻の箇所に切り込みを入れる。
②金づちで❷と❸・❹と❺の間をたたいて取り除く。

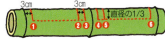

用意する物
- 竹：節二つ分
- 脚：角材4本 3cm角くらい 竹の直径に合わせた長さ
- ビニールワッシャー 8個
- 木ネジ：8本 長さ3〜4cm
- のこぎり
- 金づち
- なた、のみ
- 電動ドリル&ドライバー
- サンドペーパー

③❷→❶・❺→❻に向かって、なたやのみで竹を割っていく。

④のこぎり、なたやのみで❸と❹の間や節を取り除く（残しておいてもよい）。
⑤竹の切った所にサンドペーパーをかける。

⑥竹の底（下図の●の箇所）に電動ドリルで木ネジよりも細い下穴をあける。
⑦脚を木ネジで留める（電動ドライバー）。
⑧最後に電動ドリルで水抜き穴をあける。

上から見たところ
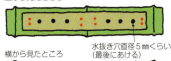

横から見たところ
水抜き穴直径5mmくらい（最後にあける）
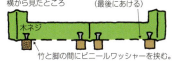

竹と脚の間にビニールワッシャーを挟む。

こんなふうにやってみませんか？

地域に開かれた園として、地域の方々とのつながりを大切にしながら教育・保育を進めていきましょう。地域の人材も大切な環境ですが、教材や遊具になりそうな様々な物をいただくことがあります。それを活用する子どもの姿を通して、園の教育を「社会に開かれた」ものに！

5歳児 春の実践事例 その1

チョウの成長を楽しみに

環境構成を考えるときに…子どもの姿と保育者の願い（ねらい）などから、整理してみよう!

子どもの姿

園庭にいる虫を捕まえたり、家からカタツムリなどを持ってきたりして、虫や小動物に関心をもっている姿が見られます。虫などの生き物が好きな子どもたちは、生き物の変化などに関心をもって、飼育方法などを図鑑で調べたり、熱心に世話をしたりする姿も見られますが、個人差もあり継続して取り組む姿が少ないように感じています。

保育者の願い

園の近くにジャコウアゲハが生息する所があり、5歳児は興味をもってジャコウアゲハを飼育することが、毎年園の文化になっています。今年も虫などの生き物に関心を示し始めたので、皆でジャコウアゲハの成長に興味をもち、継続して関わりながら命の大切さを感じてほしいと願っています。

ねらい

- 身近な生き物の成長に興味関心をもち、変化・美しさや不思議さに気付く。
- 生き物との関わりを通して優しさなどの気持ちをもち、命の大切さに気付く。

内容

- ジャコウアゲハの飼育方法を調べて、成長に期待を寄せる。
- ジャコウアゲハの成長を観察しながら美しさや不思議さを感じ、友達と伝え合ったり喜び合ったりする。
- ジャコウアゲハに思いを寄せ、命を大切に思う。

環境構成を考える上でのポイントは…

小動物の命に向かい合って感動する体験にしたいな

まずは 感動的な出会いはどうする？

何が好きなのかな？

- 園の近くに生息しているので、毎年多くの幼虫が生まれ、園まで飛んでくることがある。今年も自然に来るまで待とうかな。
- 保育者が幼虫を捕りに行って、さりげなく置いておくのはどうかな。子どもが気付くかな。
- ジャコウアゲハは「ウマノスズクサ」という草が生えている所のみに生息する。その場所や生息の様子も見せたいな。子どもと一緒に捕りに行った方がいいんじゃないかな。

ウマノスズクサにジャコウアゲハの幼虫がいた!!

5歳児 春の実践事例 その1

そうだ！1 飼育はどうする？

子どもたちで調べたり考えたりできるといいね！

- 飼育ケースの大きさは、餌になる草がたくさん入り、周りから見えやすく大きい物が必要だろう。
- 餌のウマノスズクサを子どもたちと一緒に採りに行くことで、飼育への興味が湧くのではないか。
- 感じたことや不思議に思ったことなどが調べられるように、図鑑・絵本や虫眼鏡も準備したいな。
- 羽化すると羽を痛めやすいので、サナギになると洗濯ネットで作ったカゴに入れておくとよい。

読者の方へ…注意してください！

ジャコウアゲハ、ウマノスズクサともに、近年希少になってきており、採集(取)を禁ずる方向にあります。この事例は、そうなる以前のものです。ただし、自然や生き物と接することで、子どもたちに命の大切さなど情緒面を中心に、様々な学びをもたらすことを再認識できる事例として、あえて取り上げました。保育で生き物を扱うときのポイントを読み取ってください。

そうだ！2 成長や変化に感動してほしい

成長や変化を発信する情報環境が必要

- 2・3人がジャコウアゲハを観察していて、変化が起きたり、サナギになった瞬間に出会ったりしたときのことを、仲間に伝えることができる情報板がほしいね。

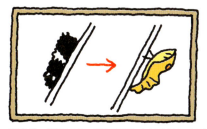

観察ボード（その後、観察記録になるようにする）

そうだ！3 ジャコウアゲハに思いを寄せられる環境は？

仲間やクラスのみんなで共有したいことは何かな

- 仲間と一緒に考えたり、互いの意見を出し合ったりする機会を大事にしたいね。
- きれいなチョウに成長していく姿に感動しながら、一匹一匹の命と向き合えるようにしたい。
- 近くにいるので、何回か子どもたちと順番に幼虫を探しに行って、少しずつ飼うといいのかな。
- 羽化したら逃がすのか、さらに飼うのか、ジャコウアゲハの立場に立って考えることが大切。自然の環境について考えたい。

私の園の環境図

- 図鑑・絵本・虫眼鏡
- 情報ボード・写真観察カード
- テラス
- 園庭
- 飼育ボックス
- 入り口
- 保育室
- 飼育ボックス（ふだんは室内）観察台・図鑑・絵本など

園で作った飼育ボックスは、情報ボード・図鑑や虫眼鏡などとともに、朝の登園時テラスに置いておき、子どもたちが関心をもつようにする。

「飼育ボックス」は、食草が枯れないようにペットボトル（牛乳パック）で水栽培するなど、チョウにとって望ましい環境を子どもたちと一緒に考えて、大き目に作った。
プラスチックの小さな飼育ケースに移して観察したら、できるだけ早く逃がすようにした。

環境と指導の工夫

- 虫に興味をもっている数人の子どもたちと一緒に、近所にあるジャコウアゲハの生息地まで幼虫を捕りに行き、飼育ボックスに餌であるウマノスズクサを入れ、観察できるようにする。
- 図鑑・絵本や虫眼鏡などを準備し、幼虫の変化などについて調べられるようにしておく。
- サナギやチョウになっていないか、クラスのみんなが関心をもったり世話をしたりできるように、毎朝テラスに飼育ボックスを置く。
- チョウになるまで2・3週間掛かるので、餌（ウマノスズクサ）をどうするか考える機会をもち、餌やりを忘れないように当番表を作ることにする。
- チョウに羽化した後、飼育するのか逃がすのかなど、どうしたらいいのかを考える時間をもつ。
- ジャコウアゲハの生息地が近いので、グループに分かれてウマノスズクサを採りに行きながら、自然な状態で生息する様子を観察する機会をもつ。
- ジャコウアゲハの成長に興味をもち、命の大切さや扱い方が分かるように働き掛ける。

取り組みの様子（遊びの様子）

- 5月下旬、保育者が数人の子どもたちと一緒にジャコウアゲハを捕りに行き、幼虫を3匹見つけ、園で飼育する。A児は毎日観察し、ふんの始末をしたりするなど、飼育に関心をもつ。
- 1週間後1匹がサナギになり、2週間後チョウになる。登園した子どもがチョウになっていることに気付き、クラスの子どもたちに伝え、「きれいなチョウや。はやくにがしてあげないとかわいそう」という意見が出たので、どうしたらよいか話し合った。
- 3匹ともチョウになったら逃がそうということになる。女児が先に羽化したチョウを長生きさせるための方法を図鑑で調べると、砂糖水を与えるとよいことを知り、保育者と砂糖水を用意する。
- 3匹ともチョウになったので、集まりの時間に逃がすことになった。1匹は元気に飛び立った。2匹目はすぐに飛ばずに、取り出すときに保育者の手に乗り、隣の子どもの手にも乗った。次々と子どもたちの手に乗り、羽の柔らかさに触れた子どもは、「くすぐったい」「かるい」「きれい」などと感動した。

環境の再構成

- クラスの子どもたちが、それぞれに発見したことや気付いたことを話し合う時間が必要だと考え、逃がすときに十分な時間を掛けた。

5歳児 春の実践事例 その1

主体的・対話的で深い学びに向けてのヒント

飼ってみよう、身近な生き物

応用・発展ほか

3歳児が飼育しやすいダンゴムシ

春にはダンゴムシが園庭で見つかります。3歳児でも怖がらずに捕まえることができるので、自分のカップを持ってダンゴムシ捕りをします。触れるとその場で丸まり、動きに変化が見られる面白い生き物です。

ダンゴムシの飼い方など

- 飼育ケースに、湿った土や落ち葉などを入れる。湿った所を好むので、土の表面が乾かないように水分を補給する。

餌は入れ物に入れる。　落ち葉
湿った土や腐葉土を5cmくらい入れる。

- 餌は落ち葉、野菜くず、カツオ節や煮干しなど。

- 触るなどして刺激を与えると丸くなる。

 →

- 幼虫は白く、意外な見た目に子どもも興味をもつ。

4歳児が飼育しやすいカタツムリやザリガニ

カタツムリやザリガニは、5月頃から子どもたちが持ってきたり、園庭でも見掛けたりします。
カタツムリは飼育しやすい生き物です。餌はキュウリやニンジンなどで手に入りやすく、食べ物によるふんの違いも観察できます。自分で試したりすることが好きな4歳児には、適した飼育物であると思います。
最初はザリガニを怖がる子どもでも、はさみを振り上げる姿に興味をもち、少しずつザリガニを触れるようになると、自信をもつ姿も見られます。

いろいろな生き物に触れる機会を…気付きに共感…学びへ。

こんなふうにやってみませんか？

クラスや学年で飼育する生き物の種類が違うことも、子どもにとっては自分たちの自慢になり、情報の伝達としても、憧れの対象としても、いいのかもしれません。
興味をもって見たり触れたりする経験と、命を大切にする気持ちを育てることとのバランスを考えながら、保育を展開する必要があります。
命と出会い、美しさや不思議さを味わうためには、保育者が心を傾け、夢中になって関わる必要があります。子どもたちと一緒に場を整えたり食べ物を用意したり、日々心掛けることが大切ですね。

5歳児 春の実践事例 その2　　　　　　　　　　　　　　　事例−⑱

チームで競い合うゲーム遊び

環境構成を考えるときに…子どもの姿と保育者の願い（ねらい）などから、整理してみよう！

子どもの姿

憧れの5歳児クラスになり、張り切って遊び始めた子どもたち。4歳児のときにやっていた鬼遊びや転がしドッジボールなどを思い出しながら、友達と一緒に体を動かすことを楽しんでいます。うんてい・鉄棒や登り棒などにも、自分から繰り返し取り組む姿が見られます。そろそろ「5歳児になった！」ことがもっと感じられるような遊びが友達と関わりながらできると、さらに活発に遊べるのではないかと思います。

保育者の願い

4歳児では音楽や合い言葉で、逃げたり追い掛けたりする動きなどを楽しんでいました。一歩進んで身をかわしたり、飛んだり跳ねたりする多様な動き、スピード感や運動量が豊富な遊びが、「5歳児になった」という子どもたちの気持ちを揺さぶり、繰り返し楽しめるのではないでしょうか。こうした遊びをチームで競い、仲間と力を合わせる醍醐味やスリルを味わいながら、勝ち負けのある遊びの楽しさも味わってほしいと思います。

ねらい
- チームで勝ち負けを競い合う遊びの楽しさを味わう。

内容
- ルールを理解し、チームで遊ぶ楽しさが分かる。
- 勝敗に関わる数量に気付く。
- 思い切り体を動かし、多様な体の動きを体験する。

環境構成を考える上でのポイントは…

スリル感と力を合わせる楽しさが味わえるようにしたいな

そうだ！①　チームで競う楽しさが味わえた方が楽しい！

5歳児らしい育ちを考えよう

4歳児は保育者対子どもの鬼遊びが多かったけれど、5歳児はチームで遊ぶ楽しさを味わわせたい。それが2学期以降の運動遊びなどの充実にもつながる！

- スリルを味わえる遊びってどんな遊びかな？
- 勝ち負けだけでなく、スリルを味わう楽しさ、仲間と力を合わせる楽しさも体験できるようにしたい。

5歳児 春の実践事例 その2

そうだ！2 勝ち負けが分かりやすい方法を工夫しよう！

あくまで遊びからの学び

保育者が解説しなくても、●対○で△チームの勝ち！ など、子どもにも分かりやすいように、視覚に訴える方法を工夫しよう。
数や量で勝ち負けが分かる教材は何がいいかな？

裏にマグネットを貼る（次頁参照）。

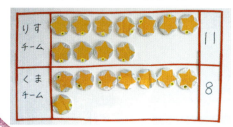

ここも考えて 基本的な動きが身に付く遊びって、何かな？

思い切り遊ぶ中でこそ身に付くこと！

5歳児は運動量が多い方が体力も付くし、運動機能も高まるけれど、走る以外の基本的な動きが身につく遊びって何かな？ くぐる・跳ぶなども体験できないかな？

ここも考えて 陣地はどこにするか

さりげなく子どもが気付けるように

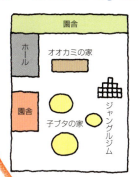

思い切り動く子どももいれば、様子を見ながら動く子もいます。陣地などは、人数と動く広さ、全体が見通せる場などに配慮して決めていこう。
固定遊具を取り入れると、捕まりにくいかも？

ここも考えて 狭い場所でも身のこなしを良くする工夫ができないかな？

様々な動きを楽しく引き出す！

隠れる場所や障害になる物を置き、機敏な動きを取ったり動きを変化させたりすると面白くなりそう！

マットを巻いた物・黒板などを置く。

誌上で公開保育!!

前ページの環境構成のポイントや担当保育者の **そうだ!** などを見ながら、この園での実際の保育をイメージして、学び取りましょう!

私の園の環境図（園庭）

❶ **宝探しゲーム**…2チームに分かれて宝を隠し、探す。3分で宝を隠す。隠し場所を考えよう！

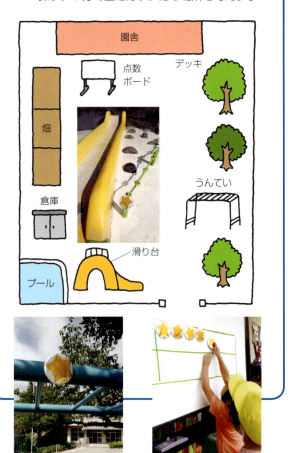

うんていにも貼れる宝。　見つけた宝をボードに貼る。

私の園の環境図（遊戯室・ホール）

❷ **ジャンケン鬼**…2チームでジャンケンをして、勝ったら追う。負けたら逃げる。

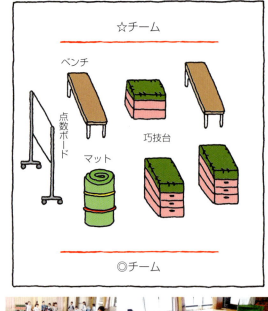

環境と指導の工夫（宝探しゲーム）

- 宝物を探すと思うだけでワクワクするが、それらしい宝を作ると盛り上がり、興味が増し、モチベーションも上がる。
- 探した宝を並べるボードがあると、数・量で勝敗が分かりやすい。
- 制限時間があることでスピードが出て、活動量が増える。

環境と指導の工夫（ジャンケン鬼）

- だんだん捕まえる相手がいなくなるので、「助け」ルールを増やしたり、障害物を置いたりするとさらに動きを楽しめる。
- 園庭では自分たちで考えた陣地を作ることも可能にしておく（ライン、ロープなど）。

取り組みの様子（遊びの様子）

- 倉庫や花壇の下、木の枝、滑り台の上などを伸び上がったりしゃがんだりしながら体全体を動かして、宝を隠したり探したりしていた。ふだん体をあまり動かさない子どもも園庭中を走り回っていた。宝を見つけるとうれしく、次に隠すときにも場所をよく考えている。

取り組みの様子（遊びの様子）

- チーム戦の方が、逃げたり追ったりする動きに機敏さが見られる。
- 巧技台やベンチなどをよけながら相手チームから逃げるが、よく見ており、ぶつかることは少ない。
- 園庭で行うときは、ジャングルジムや樹木などを回遊して逃げることも楽しんでいる。

5歳児 春の実践事例 その2

主体的・対話的で深い学びに向けてのヒント
運動量を増やそう
たくさん動いて楽しむための工夫

環境の再構成・応用編

- 宝探しゲームは、隠す時間を計るのにキッチンタイマーを使用して時間の感覚を磨くこともあるが、3分程度のダンス曲をかけて踊りながら待つと運動量が増える。

- 2チームに分かれてのゲームは、①床上オセロゲーム、②棒引き、③マット引き、④玉取りジャンケン、⑤尻尾取りなど多くある。クラス全体でルールや遊び方を共通にしておくと、自由な遊びの中でも主体的に取り組める。

3歳児では
宝探しゲームでは、保育者が隠した宝を子どもが全員で探すようにする。
「もういいかい？」「まぁだだよ」の言葉のやりとりを楽しみながら、保育者が隠すのを待つ。

4歳児では
オオカミのお面やデッキを用意して、『おおかみさん』『むっくりくまさん』など、音楽や合図に合わせて体を動かしたり、逃げたり追い掛けたりする体験を積み重ねておくことが大切。

勝敗が子どもにも分かるように、獲得した物の並べ方を工夫しよう。数に対する意識（学び）も深まる。

こんなふうにやってみませんか？

多様な動きと豊富な運動量が味わえる遊びが、5歳児に適しています。目標をもち、仲間と一緒に遊ぶ楽しさが味わえるような活動を投げ掛けていきましょう。

5歳児 夏の実践事例 その1　事例－⑲

楽器を作って演奏会

環境構成を考えるときに…子どもの姿と保育者の願い（ねらい）などから、整理してみよう！

子どもの姿

音楽会後、子どもたちがいろいろな楽器を鳴らして楽しむ姿が見られます。また、祭りで地域に伝わる和太鼓の演奏を見て、太鼓に関心をもっている子どももいます。ラップの芯で箱や机や椅子をたたいて、太鼓のような音が出る物を確かめている子どももいます。

保育者の願い

箱をつないでギターを作り、鳴らしている子どもの姿から、楽器作りを体験してほしいと考えました。運動会で、丸太鼓を借りてオープニングで演奏する計画もあるので、楽器作りを通して演奏を楽しんだり、身近な音に関心をもち、音の違いに気付いたりしてほしいと考えています。

ねらい

- 身近な物の音に関心をもち、イメージを広げたり楽しんだりする。
- 作った楽器やリズム楽器で、友達と一緒に演奏することを楽しむ。

内容

- いろいろな音色の違いに気付き、感じたことを伝え合う。
- 身近な材料を使って、工夫して楽器を作り、友達と一緒に演奏したり、お客さんに見せることを楽しむ。

環境構成を考える上でのポイントは…

音を見つけて 音を作って 楽しめるといいな

はじめに！　音探し探検って、面白そう！

生活の中にはどのような音があるか、音探検をしてみよう

- 日頃何げなくに聞いている中に、いろいろな音があることに気付くといいね。そこからイメージを広げて、自分が感じたことを何かで表現できないかな。
- 祭りで聞いた和太鼓を実際たたくことはできないだろうか。和太鼓の音からどのようなイメージが広がるだろう。
- 「怖い」「雷みたい」「穴の中に落ちる感じ」「踊りたくなる気持ち」「鬼が出る」…いろいろな音を聴き、音の違いを味わって、イメージの広がりや表現につながることを願いたい。

5歳児 夏の実践事例 その1

そうだ！ 子どもの興味を広げ、楽器作りへ！

音への関心から、ラップの芯でいろいろな物をたたいている子どもの興味を捉え、楽器作りがしたいね

どのような材料が必要なのかな？　身近な材料、箱・筒・容器などのいろいろな素材でできている廃材を準備しよう。

● 紙類…紙皿カスタネット（小さめの紙皿を半分に折って、端に瓶の口金（王冠）を2個付ける）

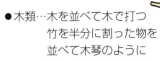
ギター（箱に穴をあけてゴムを貼る）
マラカス（ペットボトルに木の実やビー玉）

● 木類…木を並べて木で打つ
　　　　竹を半分に割った物を
　　　　並べて木琴のように

● 金属類…缶の蓋やアルミ食器を
　　　　　たたいてドラム

さらに 美しい音が出る工夫を

どうしたら美しい音が出るか、保育者も一緒に考えよう！

穴をあける、ギターのように弦を付ける、中に音が出る物を入れる、響く空洞を作るなど、子どもの発想に付き合いながら、保育者も一緒に考える姿勢が大事かな。

さいごに 演奏会ができたらいいね！

タンブリン・カスタネットなどと一緒に演奏することでより楽しむことができるだろうな

● 子どもと一緒に考えて、ステージも作りたいね。
● ほかの遊びをしている子どもたちからも見えて、聞きに来てくれる位置はどこかな？
● ほかの遊びとコラボできないかな。

89

誌上で公開保育!!
前ページの環境構成のポイントや担当保育者の「そうだ!」などを見ながら、この園での実際の保育をイメージして、学び取りましょう!

私の園の環境図

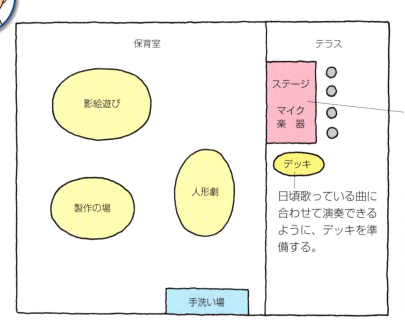

- 入り口を背にしながら演奏する。園庭で遊んでいる子どもや4歳児にも聞こえるようにする。マイクスタンドなどで雰囲気を盛り上げる場作りをする。
- 日頃歌っている曲に合わせて演奏できるように、デッキを準備する。

環境と指導の工夫

- 打楽器になりそうな廃材を用意して、いろいろな音を試しながら楽器が作れるように準備する。
- 音楽に合わせて演奏ができるように、いつも歌っている曲をピアノで弾いて録音しておく。いつでも自分たちで鳴らせるように、CDプレイヤーなどの操作は目印を付けるなど、分かりやすくしておく。
- ステージは、演奏の音がほかの遊びの音と重ならないように、また、ほかのクラスの子どもたちも関心をもち、お客さんになって来てくれることを期待しながら、子どもと一緒に考え、テラスで作る。
- 音の違いや音から受けるイメージなど、子どもが感じたり考えたりしたことをクラス全体に広げ、日常的な音や音の違いを感じ、音を作り出す体験ができるように働き掛ける。
- 自分の作りたい楽器が作れるよう、一緒に考えたりヒントを与えたりしながら、完成するように手助けをする。
- 音楽に合わせて鳴らし方を工夫したり、タンブリンやシンバルなどと組み合わせたりなど、リズムや音色を考えながら合奏するように援助する。

取り組みの様子（遊びの様子）

- 箱に穴をあけ、輪ゴムを付けてギターを作り鳴らしたり、ドラムを作りたいと箱を組み合わせて作ったりしている。
- ラップの芯で、缶・段ボール・箱・ペットボトル・木などをたたいたり、ペットボトルに石を入れて振ったりしながら、雨の音・雷の音・優しい音・怖い音など、音から受けるイメージを話す。
- ステージができると、手作りのギター・ドラム・マラカスと、タンブリンやシンバルなどの既成の楽器と一緒に、音楽に合わせて鳴らし方を相談しながら演奏する。
- 4歳児が見にきてくれると張り切って演奏し、チケットを渡したり曲を紹介したりする。
- 人形劇で遊んでいる子どもたちのBGMを演奏しながら、「ひいてほしいきょくありますか？」と、リクエストに応じることを楽しむ。
- 「このギターじょうずにつくってある。すごい」「ドラムのおと、いいおとや」などとお客さんに褒められると喜ぶ。

環境の再構成

- ステージは、その日の人数によって広げたり狭めたりしながら、子どもと一緒に考えるようにする。
- 作った楽器で演奏している様子を、地域で和太鼓の活動をしているおじいちゃんや保護者に聞いていただく機会をつくるなど、地域に開いていくようにする。

5歳児 夏の実践事例 その1

主体的・対話的で深い学びに向けてのヒント

身近な物で楽器を作ろう

応用・発展ほか

3歳児では　音を楽しむ遊び
- 穴のあいている台の上に箱・缶・筒を固定して置いておく。
- 広告を丸めた固い棒でたたけるようにしておく。

「なんだろう」「おとがした」
「ゆかもおとがする。いすも…」と、音を喜ぶ。

4歳児では　身近な物で楽器作り
- 「たいこもあったらいいな」という子どもの声から、太鼓を作ってみよう。
- 容器を重ねて採ってきたヒマワリの種を入れて鳴らしている子どもの姿から、マラカスを作ってみよう。

いろいろな太鼓を試してみよう

ポリバケツ、ポリの樽、底が深目の家庭用ゴミ箱（筒状の物）、ステンレスのボウルなどを太鼓に見立ててたたいてみたり、本物の太鼓には「皮」が貼ってあることに気付いて上記の物に布、ポリ袋、段ボールやデニム生地、あるいは布テープだけで蓋をするように貼り、たたいてみたりする中で、音が出る仕組みを考えてみるなどしてみては。

バケツを逆さまにした太鼓

ポリの樽の太鼓

いろいろなマラカスの音の違いを考えよう

①ペットボトルにビー玉を入れた物、②乳酸菌飲料などの容器を二つ重ねて種を入れた物、③お茶などの缶に鈴・小石・木の実を入れた物、④木の実を箱に入れた物　など。

中に入れる物
木の実、小石、種、鈴、ビー玉、小枝、ジュズダマ　など

**音がどう違うのか
それはなぜなのか…
様々に話し合おう**

こんなふうにやってみませんか？

身近な材料を使い、いろいろな音が出ることを楽しむことが大切です。さらには、楽器を作り演奏することで、音や音楽への興味も深まります。
マラカスの中に入れる物は小さい物が多いので、誤って口に入れ、飲み込むことのないように気を配ってください。子どもたちにも扱い方を伝えましょう。

5歳児 夏の実践事例 その2

事例-⑳

プールで遊ぼう

環境構成を考えるときに…子どもの姿と保育者の願い(ねらい)などから、整理してみよう!

子どもの姿

5歳児は、進級当初の緊張感や環境の変化にも慣れ、友達との遊びにじっくり取り組み、遊びが継続するようになってきます。友達同士で誘い合って「○○をやろう！」という姿に意欲が感じられます。

暑くなってくると、園内各所で水を使った遊びが見られます。

プール遊びでは、今までにできるようになったこと(ワニ歩き、ラッコ浮き、バタ足、クロールなど)を「みて！」と言って保育者や友達に見せようとする姿が見られます。周りの子どもから「すごい！」という声も聞こえ、友達の姿を見ながら自分もまねたり「どうやってやるの？」と聞いたりしています。

保育者の願い

水に触れる遊びは、この時期ならではの活動です。安全面に配慮しながら子どもたちの気持ちを発散させ、たくさん経験させていきたいと思います。その中で、自分なりの目標をもって挑戦したり、やり遂げた満足感を味わったりしてほしいと思います。友達に頑張りを認められ褒められることは大きな自信になり、意欲につながっていくので、子ども同士の育ち合いを期待したいと思います。

ねらい

- 水に触れる心地良さを味わいながら、思い切り体を動かして遊ぶ。
- 自分なりの目標をもって挑戦し、やり遂げた満足感や心地良さを味わう。

内容

- プールでは、自分なりの目当てをもっていろいろな動きに挑戦してみようとする。
- 友達のやっていることに刺激を受け、自分もやってみようとする。
- プールで使える道具を自分たちで作ってみる。

環境構成を考える上でのポイントは…

やってみて できる喜びを感じられるといいな

まずは 今までどんな経験をしてきたかな？

一人ひとりが満足感を味わえるように

- プール遊びは、経験によって個人差の大きな活動です。3歳児のときは…4歳児のときは…どんな活動をしてきたかな。振り返りながら一人ひとりの子どもの実態を把握していこう。
- シャワーの使い方も水遊びの経験のヒントになります。頭から浴びる子、下を素通りする子、顔を両手で覆って我慢する子など、様々な姿が見られるだろう。
- プールでの活動は、夏の時期ならではの楽しく開放的な活動ですが、約束を守って行わないと危険を伴う活動であることを忘れないようにしよう。
- プール遊びを含め、水遊びは子どもの体調チェックも大切です。保護者と連携を図りながら、日々の体調を把握しよう。さらに水温・気温を毎日計り、プールの記録として残そう。
- プールの中で子どもとともに活動する保育者とプールの外から全体を把握する保育者が連携を取りながら、楽しく安全に！

5歳児 夏の実践事例 その2

そうだ！1 安心して活動できる場を確保しよう

もっとやりたい子のためにも

- 水が顔に掛かるのが怖い子どもには、安心してチャレンジする場が必要かも。
- 水に慣れている子どもは、いろいろなことにチャレンジしたいから、コースを分ける？
- それぞれが思い切り遊べるようにするには…。
- グループに分かれて交代で入ったりプールを仕切ったりして、工夫してみよう。

そうだ！2 活動の中に個々の目当てを！

目当てを友達にも伝えながら…

プール活動の中で、個々に挑戦してみたい目当てをもって取り組むことも楽しみの一つに！少しずつ頑張っている姿を、クラスの仲間からも認められたり応援されたりすることが自信になり、次への意欲につながっていくだろう。

そうだ！3 浮くことを考え、浮く不思議さを感じる！

「なぜうくの？」5歳児らしい発展を

- ビート板でまずは浮くことを体感。
- 友達と並んで、ペットボトルを両脇で抱えてラッコに。
- 皆でプールの中で円になって走ることでも波（渦）ができ、浮いた感じに…なぜだろう？（P.95）
- 水の流れがあれば「浮く」を実感できるけれど、流れが無くなると浮かばない…など、試行錯誤を楽しもう！

友達と並んで浮かんでみよう
バー（浮く素材）があるだけで、安心して体を伸ばせる。

こんなことも！ペットボトルを使っていかだ作り

ペットボトルで「浮く」体験から

ペットボトルはラベルを剥がし、カラー布テープで貼り合わせる。油性フェルトペンで絵を描くのも楽しいかな？

水の掛けっこ

水の中にある物を拾う

ビート板を使って

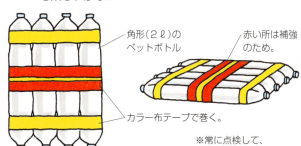

角形（2ℓ）のペットボトル
赤い所は補強のため。
カラー布テープで巻く。

※常に点検して、安全に配慮を。

誌上で公開保育!!

前ページの環境構成のポイントや担当保育者の **そうだ!** などを見ながら、この園での実際の保育をイメージして、学び取りましょう!

私の園の環境図

環境と指導の工夫

- いかだはペットボトルの大きさ(容量2ℓが適当)を同じにする。子どもたちが作りながらどうやったらうまく貼れるか、試行錯誤しつつ協力する姿を大切にしていきたい。ペットボトルをいくつずつ並べればよいか、いくつ必要かなど、子どもたちが発する言葉や思いを受け止めながら、数への関心も伸ばしていきたい。
- プールにいかだを浮かべて遊ぶことを知らせながら、これからの活動に期待をもてるようにしていく。
- ペットボトルに色付けしたり絵を描いたりするために、油性フェルトペン(パステルカラーもきれい)、カラー布テープを用意する。
- 園庭にシートを敷き、砂などが布テープに付かないように場をつくる。ペットボトルのキャップをしっかり締めることの大切さを知らせ、確認してからつなげていくようにする。また、作業の様子が他学年の子どもにも見えるように場を設定することで、5歳児クラスはすごいなという憧れの対象になるような機会にする。

取り組みの様子(遊びの様子)

- ペットボトルを各自が貼り合わせるが、布テープを切ったり貼ったりしながらの作業は難しそうだ。そこで子どもたちなりに考えて、「ぼくがここをおさえているからテープをはって!」と、友達と協力してペットボトルをつなげていくことになった。
- 角型と丸型の2種類のペットボトルがあるが、"丸いのと四角いのとはうまくくっつかない"ということに気付き、角形のペットボトルを探して貼り合わせるようになってきた。
- いかだがどんな物かイメージできず分からない子どももいたが「こんなのをつなげて、プールでうかべてあそぶんだって!」と、これからの遊びに期待しながら取り組む様子が見られた。

環境の再構成

子どもたちがペットボトルを使って、様々な遊び方を考えられるようにする。

両脇にペットボトルを抱えて

ラッコのようにペットボトルを胸に抱えて

ペットボトルいかだに乗って、立ち上がれるかな?

5歳児 夏の実践事例 その2

主体的・対話的で深い学びに向けてのヒント
それぞれの年齢に応じた遊び

応用・発展ほか

5歳児 ①こんな物も使えます

- フープを使って、イルカのように水中フープくぐり。

- 市販されている水に浮かぶソフト素材は自由自在に折り曲げられる。水に浮かぶので腕や体に結んで使える。

- 水中宝探しなどに使える、浮いたり沈んだりする遊具はたくさん市販されているので、泳ぐことだけでなく遊びが楽しくなるように考える。

5歳児 ②遊びの発展を考えて

みんなで同時に同じ方向へ走って回り、大きな渦を作って「浮く」ことを感じる。どうしてそうなるのか、もっと速く回ったらどうなるかなど、5歳児らしい取り組みに。

3歳児のプール遊び

友達と一緒に初めて水遊びをする子どももたくさんいます。水遊びは楽しいよ、面白いよ…という気持ちを残してあげましょう。容器から容器への水の入れ替えやジョウロを使って水まき、バケツに入れたり出したり…と、様々な方法で水に触れていきましょう。水が怖い子どももいるので、"マイタライ"も用意したいもの。

4歳児のプール遊び

プールに入る前のウォーミングアップとして、体をぬらす水鉄砲のような遊びも楽しいです。十分体をぬらしてからプールへと移っていきます。プールではワニさん歩きや宝探しも面白い。

水鉄砲の的当て　　宝探し　　マイタライ（3歳児も）

こんなふうにやってみませんか？

水に慣れ、プールの中でも伸び伸びと活動できるようになった5歳児ならではのプール遊びになるように、子どもたちとアイディアを出し合って、学びにつながっていくようになるといいですね。
ただし、大胆に遊ぶときほど安全には、より十分な配慮を!!!

5歳児 秋の実践事例 その1　事例-㉑

おいしい焼きイモを作ろう!

環境構成を考えるときに…子どもの姿と保育者の願い(ねらい)などから、整理してみよう!

子どもの姿
サツマイモの苗植えから始め、水やり、草取りと世話をしながら、その生長を身近に感じています。時折、葉っぱの形の面白さに気付いたり、土の中にいる甲虫(こうちゅう)の幼虫に関心をもったりして発見や驚きも見られました。つるが伸びて葉っぱも増え、薄紫の花が咲き出すと、ぐんぐん大きくなるサツマイモを想像し、みんなで掘って何にして食べようかと期待が膨らみ、友達同士での会話も弾みました。

保育者の願い
自然の変化を感じ、植物の生長に期待をもっています。世話をすることで、身近な自然に親しみももちます。特に収穫物があればより楽しみになります。自然の恵みに感謝することができるように、サツマイモの料理を考え自分たちで何が必要か準備をすることも経験しておきたいことです。土の感触、煙や風の向き、匂いなど五感を通して感じることも大切にしていきたいと思います。

ねらい
- 友達と一緒にサツマイモの生長や収穫を喜ぶ。
- 身近な自然に親しみ、興味・関心をもって遊ぶ。

内容
- つるやイモの感触や大きさ、形、数などに関心をもち、数えたり比べたりして遊ぶ。
- 秋の自然の味覚を楽しみ、親しみをもつ。
- 発見や驚き、感じたことを伝え合う。

環境構成を考える上でのポイントは…

育てた物を食べる喜びを感じてほしいな

そうだ! ① イモ掘り!…自分の手で掘って感触を楽しんでほしい!

実りや収穫の喜びを身近に感じられるようにできるだけ道具は使わず、自分の手で掘ってほしい

- 「よいしょ、よいしょ」と、声を掛け合って掘れたときの感激を言葉で伝え合えるようにしよう。大きさ・形・数・重さなどを比べ、発見や驚きを言葉で表していこう。
- 「どっちが大きいかな?」「どっちが重い?」などと、手で触って大きさ比べをしたり、はかりを使って当てっこをしたりしてみよう。

5歳児 秋の実践事例 その1

そうだ！2 何が必要か自分たちで考え、友達と力を合わせる場をつくろう

どうやって食べる？ 焼きイモにしよう！

準備は子どもと一緒にしよう。
落ち葉を拾う大きな袋を用意して、友達と一緒にすることでグループごとの競争意識が出て、目的意識も高まる。

「おちばをたくさんひろうぞ！」

そうだ！3 大人がやること、子どもがやることをはっきりさせよう

どうすればうまく焼けるかな？ そのまま入れたら焦げちゃうよ。

子ども　イモの準備
①イモを洗う。
②新聞紙やペーパータオルでくるむ。
③水でぬらす。
④アルミホイルで包む。
⑤燠（赤くおこった炭火）の中にイモを入れる。

大人　焼く場所の準備
①まきに火をつけ燠を作る。
②落ち葉や小枝を乗せる。

焼き具合を見て
③イモを取り出す。
④みんなで食べる場をつくる。
⑤アルミホイルや紙を捨てる袋を用意する。

そうだ！4 安全への配慮を確実に！

安全のために気を付けることは？

- 事前に消防署やご近所に知らせる。
- 消火用水を用意する。
- 煙を吸わないように気を付ける。特にぜん息の子には十分配慮する。
- 火にあまり近づきすぎないよう、ラインを引く。
- 火の粉が飛ぶかもしれないので、子どもの服装にも気を付ける。
- 燠にイモを入れるときには、保育者が必ず安全を確認する。
- アルミホイルや新聞紙などを片付けるときは、発火しないように必ず水を掛けて確認して捨てる。

そうだ！5 感じたことを言葉にしてみよう！

気付いたことや考えたこと、感じたことを自分なりの言葉で表現していこう！
…いつも10の姿を意識!!

「煙がけむたいね」「炎が熱いね」
「風向きが分かるかな？」「匂いは？」など、子どもから、感じていることを表現する言葉を引き出すような言葉を掛けよう。

「てをのばすとあったかいよ」
「けむりがくもとくっついたぞ！」
「いいにおいがする」
「おいしくなーれ」
「あまくなってね」

誌上で公開保育!!
前ページの環境構成のポイントや担当保育者の **そうだ！** などを見ながら、この園での実際の保育をイメージして、学び取りましょう！

焼きイモの環境図

環境と指導の工夫

- イモを洗う、新聞紙にくるむ、水でぬらす、アルミホイルで包むという一連の動作をスムーズに行えるように配慮する。
- 焼きむらや焼き過ぎが出ないように、イモは同じくらいの大きさの物を用意する。
- 煙の向きや炎の様子、パチパチする音や匂いなどにも気付いている子どものつぶやきを受け止めていく。
- 火の粉が付いたりやけどをしたりしないように、ラインを引いて子どもが火に近づき過ぎないようにする。
- 食べるときのことを想像し、一人ひとりが思いをもって「おいしくなーれ」「あまくなってね」などの言葉を掛けながらイモを入れるようにする。
- 焼きイモの匂い・色・味などを十分に感じられるように、みんなで一緒に食べる場をつくる。

取り組みの様子（遊びの様子）

- まずはまきを運んだり、自分たちが集めた落ち葉を持って来たりしておいて、後からやり出した準備を年下の子どもたちと一緒に行う。
- 5歳児が3歳児や4歳児の子どもたちに、「しんぶんしがみえないようにつつむんだよ」「アルミホイルをギュッとして」と、やり方を教えている。
- 手をかざし、「あったかいね」と言い、一歩下がると「あったかさがちがう」と、温度の違いに気付く。
- 「けむりがくもとくっついたぞ」と、高く上がる煙の動きや風向きに関心をもっている。
- 「もっとおちばをもってこよう」「いいにおいがしたからもうやけたよ」と、焼きイモへの期待を膨らませ、楽しみに見たり待ったりしていた。
- 火から消防士ごっこにつながり、子どもたちはイメージを広げるが、発想は認めつつ、危険だということに気付くようにした。
- 焼きイモを割ったときの鮮やかな色を見て、「きれい！」「おいしそう！」と、フーフーしながら友達と一緒に食べることを喜んだ。

環境の再構成

- 焼きイモができるまでの時間も楽しみ。滑り台の高い所から煙を見たり、みんなで『焼きイモパーティー』ができるように食べる場所を準備したりと、自分たちで考えてできるようなゆとりをもちたい。
- 焼きイモごっこ…落ち葉や木の枝などを集め、サツマイモに見立てたマツボックリで焼きイモを焼くまねをし、新聞紙にくるんで「やきイモやさんだよ」と、ごっこ遊びに。

5歳児 秋の実践事例 その1

主体的・対話的で深い学びに向けてのヒント
食べるだけではなく、もっといろいろ遊べるよ

応用・発展ほか

サツマイモは子どもたちの身近にある物で、いろいろな遊びに使いやすいです。食べるだけでなく、葉っぱ・つる・小さなイモなどを使って、表現遊びやいろいろな遊びを楽しめるようにしていきましょう。

『やきいもグーチーパー』の手遊び

焼きイモができるまで、歌をうたったり手遊びをしたりして待つ。いい匂いに「ほんとにおなかがグーだ!」と実感。楽しみに待てるような遊びに。

劇ごっこにも

『おおきなかぶ』のストーリーで『おおきなおいも』の劇。登場するのは自分・友達や好きな動物。子どもたちが気付いたことやつぶやきも劇ごっこになる。

いろいろなお料理でおいしく食べよう!

- 蒸しパン
  小さく切ったイモ・ホットケーキ用の粉・卵・砂糖・牛乳を混ぜて、型に入れて蒸す。
- 茶巾絞り
  ふかしたイモをつぶし、牛乳・砂糖・塩を混ぜ、ひとさじごとにラップで包んで形を作る。
- ふかしイモ
  一番簡単にできるおイモ料理。きれいに洗うのは子どもの仕事。蒸し器に入れて湯気が出てきたら、匂いも感じてほしい。
- サツマチップス
  サツマイモを薄くスライスして、ホットプレートやオーブントースターで焼く。オーブントースターで焼いた方が、しっとりと仕上がる。
※やけどをしないように子どもができることを考えて、一緒に作る。

サツマイモの絵を描いてみよう!スタンプ遊びも楽しいよ

「サツマイモがへーんしん!」と、サツマイモの船・おうち・潜水艇・迷路・怪獣・汽車など、好きな物に変身したり、引っ張っている自分や友達を描いたりして、サツマイモの絵を描いても楽しい。サツマイモを身近に感じ、自分なりの発想で絵に表現する楽しさを味わえるように。
食べられない小さなイモを使ってスタンプにしたり、釘で掘って形を作ったりして、版画遊びをするのも楽しい。

つるで遊ぼう!

つるを使って、いろいろな遊びを見つけよう!
つるをズルズルと引っ張る、友達と綱引きをする、いっぱい集めてつるの山、ジャンプしてお布団、遊具やベンチに載せて基地作り、体に巻いたりリースを作ったりと、いろいろな遊びをしてみよう。

怪獣だね! お化け?

秘密基地(サッカーゴールで)

こんなふうにやってみませんか?

園の環境によって火を使うことができない場合は、ほかの調理方法で行いましょう。自分たちで育てた作物を収穫し食べることは、子どもたちにとってうれしい体験であり、自然を感じることにつながります。また、いろいろな感覚を通して不思議さも感じられることでしょう。そして、子どもの発見や知的好奇心を認め、それを提供してくれる自然物との関わりを大切にしていきましょう。

地域の環境を生かした遊び

5歳児 秋の実践事例 その2 事例-㉒

環境構成を考えるときに…子どもの姿と保育者の願い(ねらい)などから、整理してみよう!

子どもの姿

運動会では友達と力を合わせて綱引きをしたり、新しい技にも挑戦したりして、体を動かして遊ぶことへの興味が増してきました。活発に体を動かし、いろいろなことに挑戦しようという気持ちが感じられます。園の近くに繰り返し出掛ける遊び場があり、そこに大きな斜面があります。登ろうとする姿も見られますが、手足を掛ける部分がありません。そのため、なかなか登り切ることができませんが、遊びに行くたびに坂登りに挑戦する姿が見られます。

保育者の願い

運動への興味が湧き、何とか斜面を登り切りたい、と挑戦している子どもたち。何度もあきらめずに挑戦している意欲を大切にして、登り切る喜びや達成感を味わってもらいたいです。ふだんの遊びの中ではよじ登るという動きをすることが少ないので、園のそばにある大きな斜面を生かして、手の力や足腰を使ってよじ登る経験をしてほしいと思います。

ねらい

- 地域の環境に関わり、いろいろな動きに挑戦し達成感を味わう。
- 友達とコツを伝え合ったり励まし合ったりして、挑戦する喜びを感じる。

内容

- 手・腕や腰の力を十分に使って、斜面を登り切る達成感を味わう。
- ロープや段ボールなどの道具の使い方が分かる。

環境構成を考える上でのポイントは…

環境との豊かな関わりを大切にして遊べないかな

はじめに! 子どもたちにやってみたいことを聞いてみよう!

育てたい10の姿が見えてくる頃!

よく出掛けている場所だから、子どもたちの中にやってみたいことがあるはず。子どもたちのやりたいことを聞いてみよう。
「〇〇があったらいいな!」「△△をもっていこう!」など、子どもたちの意見を丹念に聞いていこう。

- 木の棒(つえにする)
- 板(階段を作る)
   いろいろな大きさ
- 段ボール(坂に道を作る)  滑り降りるときに使える
- ロープ(よじ登る) 切れない丈夫な物

5歳児 秋の実践事例 その2

そうだ！ 自分の力で登り切ったという喜びが味わえるようにしよう！

子どもたちの中からも出てきた「ロープ作戦」

斜面の上にある太い木に長いロープ（斜面下まで届く長さ）を巻き付けてみよう。

そうだ！ 滑りたいという気持ちも受け止めよう！

この時期の5歳児は、自立した存在に…保育者は理解者・相談援助役

何度でも挑戦するようにしたい。そのためにも、滑り降りる楽しさが味わえるようにしたい。滑り降りる楽しさ、また登ってみたいと挑戦する意欲を高めるために、段ボール板を準備してみよう。

段ボールは、いろいろな大きさの物を用意して、滑り降り方に応じて選べるようにしよう。
小さい段ボール（一人で滑る）
横長の段ボール（二人で並んで滑る）
大きい段ボール（3〜4人で一緒に滑る）

ほかにも 地域とのつながりを大切にしよう！

一市民として育っていくように

園の周りの環境を子どもたちの遊びに取り入れることができたら、経験が広がる。そのために、ふだんから地域の人たちとの出会いを大切にしていくようにしたい。
- あいさつをする。
  「こんにちは」「ありがとうございます」
- 遊び方に気を付ける。
  木や草花を折っていないかな？
  ゴミを散らかしていないかな？

誌上で公開保育!!
前ページの環境構成のポイントや担当保育者の そうだ! などを見ながら、この園での実際の保育をイメージして、学び取りましょう!

この事例の環境図

― ロープ ※保育者が「もやい結び」（下図参照）で結び、ほどけないか必ず確認する。

※はだしで遊ぶ子どものために、足を洗えるように準備する。

タライ　雑巾

段ボール

※子どもたちと持って行く。

※保育者は連携を取り、斜面の上と下にいて援助する。
※石・がれきや木の根など、危険な物が落ちていないか、点検してから遊ぶ。

環境と指導の工夫

● 急な坂を自分の力で登り切ったという達成感が味わえるように、太くて長い丈夫なロープを用意する。
● 子どもたちが見ているところでロープを木にくくり付け、挑戦しようという意欲が高まるようにする。
● ロープをしっかりつかむことや一緒に登っている友達と声を掛け合って行うこと、ロープが首に巻き付くことがないようにすることなど、安全面の注意を事前に行うとともに、一人ひとりの遊ぶ姿をしっかり見守る。
● 互いにコツを伝え合ったり励まし合ったりする姿を認め、さらに挑戦しようという気持ちがもてるようにしていく。
● 登る動きと滑り降りる動きの両方が楽しめるように、場を広く使う。楽しくなると、動きが広がったり重なったりしがちだが、それぞれの動きを十分に楽しめるように、場を調整する。
● 遊びに行くときには、子どもたちに呼び掛け、遊びに使えそうな物を自分たちで用意できるようにしていく。

取り組みの様子（遊びの様子）

● 保育者が木の幹にロープを巻き付けると、早速そのロープを使って登ろうとし始めた。腕や足など、体の様々な部分に自分の体を支えるための力が込められている。
● ロープを引っ張りながら、体を上へ上へと移動させる行為はなかなか難しく、何度も足を滑らせていた。しかし、頂上にいる友達が「あとすこし！　おれにつかまって！」と声を掛けると、あきらめずに登ろうとする。
● 友達のお尻を押したり頂上から手を差し伸ばして友達を引っ張り上げようとしたりなど、助け合う姿も見られる。
● 段ボールを使って斜面を滑り降りる遊びを繰り返し楽しんでいる。滑り始める位置や自分の体の向きによって滑るスピードが違うことに気付き、できるだけスピードが出るように工夫している。
● 滑り終わってまた段ボールを持って上ることを繰り返している。

環境の再構成

● ロープをもう一本用意して、斜面の別の所に付ける。滑り終わった段ボールの持ち手の所に結び付け、斜面の頂上から引っ張り上げるようにする。
● 「ロープなしでのぼれた」という声を受け止め、「どうやったらロープなしで登れるの？」と問い掛け、体の動きを意識できるようにしたり、友達にコツを教えたりできるようにしていく。

もやい結び

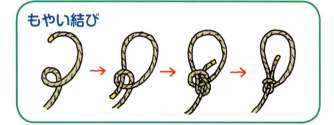

5歳児 秋の実践事例 その2

主体的・対話的で深い学びに向けてのヒント
身近な環境をワクワクワールドに変身させるアイディア紹介

応用・発展ほか

身近な環境に少し手を加え、道具を活用することで、ワクワクワールドに変身します。そのような場の中で毎日遊ぶことが、体の動きなどを育てます。まさに環境に関わる！ 環境を通して！

竹林の真ん中を刈り込んで 竹トンネル

園庭の隅にあった竹林。真ん中の竹を刈り込むと、竹トンネルの出来上がり。竹がサラサラと風に揺れる音を聞きながら遊べる。

地域の公園での出会いを大切に

- ゲートボールを楽しんでいる老人グループの方々にご挨拶。自然な交流が生まれる。
- ほかの幼稚園や保育所などの子どもたちとも出会える。譲り合って遊具を使ったりコツを伝え合ったり、関わりを大切にしよう。物だけでなく気持ちのもち方次第で、どこでもワクワクワールドになる。

散歩コースもイメージが付けばワクワクワールドに！

忍者に変身して散歩に出掛けてみよう。階段の上り下りは、音がしないように忍び足で。塀のそばに来たら、"忍法壁の術"で横歩き。場を活用して遊んでみよう。

忍び足で歩く。　　横歩きをする。

タイヤや板などを組み合わせて

タイヤや板を埋め込めば、よじ登るよりどころになって挑戦しやすくなる。保護者の協力を得て、「ワクワクワールド」作りをすると、子どもたちが喜ぶ。

こんなふうにやってみませんか？

地域には魅力的な場所がたくさんあります。そういった場所に出掛け、地域の方と出会い、親しくなることから始めましょう。ダイナミックな遊びが生まれます。この事例に出てくるような斜面がなくても、探してみれば保育に生かせそうな所がきっと見つかるはずです。

5歳児 冬の実践事例 その1　　　事例-㉓

思い出のカレンダー作り

環境構成を考えるときに…子どもの姿と保育者の願い（ねらい）などから、整理してみよう！

子どもの姿
新年を迎え、小学校入学への期待が高まる一方で、卒園することへの寂しさも感じてきています。一緒に遊んだ友達や先生、年下の友達との別れを実感する様子も見られます。

遊びの中では様々なことに挑戦し、繰り返し取り組み、達成感や満足感を味わってきました。クラスみんなで取り組む活動や生活全般でも、一人ひとりが力を発揮している卒園間近の姿です。

保育者の願い
様々な場面で愛着を感じている年下の友達とのお別れを通して、園での思い出をクラスみんなで共有できる機会を増やしたいと思います。プレゼントに思い出のカレンダーを作ったり新しい年長さんが喜んでくれるように保育室を整えたり、当番活動を教えたりして、大きくなったことを感じ、卒園を楽しみにできるようにと考えました。

ねらい
- クラスみんなで相談しながらカレンダーや壁面を作り、やり遂げた満足感を味わう。

内容
- 2～3人の友達とグループで相談しながら活動する。
- 自分の思いや、考えたことを友達に伝えながら活動する。
- 園・クラスで一つの物を作る満足感を味わう。

環境構成を考える上でのポイントは…

園生活を振り返り成長できたことを実感できるといいな

そうだ！①

見通しをもって生活を進めよう

自分たちで生活していけるはず
5歳児になって、1週間の予定表や1日の予定ボードを活用した生活を積み重ねてきた。
卒園までの見通しをもって、作る期間や時間をグループごとに任せてみよう！

5歳児 冬の実践事例 その1

そうだ！2　歌やアルバムもヒントになる！

12か月、思い出したところから…

1年間を思い出せるような歌をうたおう！『思い出のアルバム』や『カレンダーマーチ』は振り返りのヒントになる。園生活のアルバムを出して、園生活の楽しかったことを思い出してみよう。

- 子どもたちは意外なことを思い出すかな。
- 子どもが思い出したことを受け止めよう。
- このクラスならではの思い出が出るといいな。
- 年下の友達に伝えたい遊びを表現できるかな。

子どもたちが思い出したことを、カレンダーにしてみよう！

そうだ！3　カレンダー作りを通して自分の考えを言葉で伝えられるようにしよう

誰と何月を作るか決めてね！

グループは自分たちで決め、相談しやすくしたいな。今までも「こいのぼり」「動物園」など協同して活動してきたから自分の思いや友達の考えは出し合えるね。思い出を話しながら共感できるように見守ろう。

そうだ！4　生活全般から1年生になることへの期待を高めていこう

アプローチカリキュラムを考えて！

保育室に小学校関係の本を数種類手に取れるようにしておき、「学校生活」がイメージできるようにしたり、実際に小学校を訪問したりして、1年生になるという期待を高めていこう！

そうだ！5　成長を実感できるようにしていこう

年中さんが年長さんになるんだね

保育室を整えて次の5歳児に引き継ぐだけでなく、大切に飼っている小動物の世話もバトンタッチしていこう。
4歳児に小動物の名前や掃除の仕方を丁寧に教えたり関わったりしながら、成長した自分を感じられるようにしていこう。

1週間・1か月の見通しをもった生活。

誌上で公開保育!!
前ページの環境構成のポイントや担当保育者の **そうだ!** などを見ながら、この園での実際の保育をイメージして、学び取りましょう!

私の園の環境図

★自分たちで生活が進められる保育室環境の中でカレンダーを作ろう。

卒園や入学に期待が膨らむ絵本
『いちねんせい』
『さよならようちえん』
『ランドセルがやってきた』

環境と指導の工夫

- アルバムや園の記録を目に留まる所に置き、楽しかった園生活や1年間を振り返ることができるようにする。
- お別れの会で3・4歳児クラスにプレゼントするなどの目的から、カレンダー作りに意欲をもてるようにする。
- クラス全体の目的の中で、自分は誰と何月のカレンダーを作るかが決められるように、話し合いの場をつくる。
- 2～3人の友達と、自分の考えや友達の考えを出し合いながら話し合い、イメージを共有してから取り組む。
- イメージを実現できるように、クレヨン・絵の具などの効果的な使い方を助言し、仕上がりに満足感がもてるようにする。
- できた絵をクラスで見せ合い、グループやクラスみんなで協力して仕上げたことを実感し、満足感を味わえるようにする。

取り組みの様子(遊びの様子)

- 1年生になることを楽しみにしながら絵本を見たり、歌を口ずさんだりして、思い出のアルバムをめくる様子が見られる。
- 3月を担当したグループでは、「ひな祭り」を描くことを決めると、園に飾ってあるひな飾りを見に行き、「3だんまではかこう」「ひなあられや、はなもかく」「ひなあられをたべているじぶん」など、一枚のページに描きたいものを言葉に表している。
- 積極的に始めるグループの姿を見ながら、次の日から取り組むグループもある。「お別れ会」までに仕上げるという期間はみな意識しており、遊びの合間に誘い合って描いているグループもある。
- 「もりのなかにカブトムシかく」「じゃあ、きをかくね」と、描くものを分担しながら進めているグループもある。

環境の再構成

- 出来上がったカレンダーはクラス全員が見られるように、黒板や掲示板に掲示しておく。
- 学校ごっこなどが始まったら、小学校の机やランドセルなどが作れるような材料を準備して、入学への期待が高まるようにする。

5歳児 冬の実践事例 その1

主体的・対話的で深い学びに向けてのヒント

成長の節目に出会う様々な活動

応用・発展ほか

その1　ひな祭りも思い出いっぱいに

- 5歳児クラスのひな人形は園で作る最後の作品になる。今までに身に付けた技能を全て発揮して、丁寧に作り上げられるようにする。
- さらに、ホールなどに5歳児全員のひな人形を飾ってダイナミックなひな段を作り、それを見ながらお茶会をすることで、改まった雰囲気の中で成長を感じられるようにする。

その2　今日は特別、園長室レストラン

- 保護者手作りのお弁当は毎日の楽しみだが、最後にもっと特別感を味わえるように園長室レストランを開催する。
- 5～6人のグループごとで園長室に招き、保育室とは異なるおしゃれにした部屋で和やかな雰囲気の中、思い出に残る特別のランチを企画する。
- 特別のデザートなどもあると、さらに楽しみが広がる。

3歳児・4歳児

- 進級に向けて3・4歳児なりの期待がもてるように、5歳児の活動の姿に目を向けたり、簡単なプレゼント作りやお祝いの会を開いたりして、「ありがとう・さようなら」の言葉を伝える機会をつくる。

気持ちを込めてプレゼント

園全員でお別れ会！

- 3・4・5歳児全員で園生活をしてきた最後の思い出。お別れ会は4歳児が中心になって、できる準備を保育者や友達と行い、5歳児を招待する。
- みんなが集まると食欲も会話も弾み、もうすぐ進級・進学するという気持ちが深まる。

こんなふうにやってみませんか？

カレンダーや予定ボードなどを活用し、見通しのある生活をしたり、片付けや掃除をして生活空間を整えたりしながら友達との心地良い生活をつくり出してきた子どもたち。卒園前には、カレンダー作りや思い出のひな人形作り、さらに当番の引き継ぎなどでは、自分の思いを言葉で伝え合ったり相談したりしながら活動し、成長も実感しています。
楽しかった園生活、思い出の詰まった保育室、お別れまで一日一日を大切に過ごし、次の5歳児クラスにバトンタッチして、小学校への初めの一歩を歩んでほしいと思います。

5歳児 冬の実践事例 その2

事例-㉔

自分の力に挑戦

環境構成を考えるときに…子どもの姿と保育者の願い（ねらい）などから、整理してみよう!

子どもの姿

秋頃から縄跳び、マラソンやドッジボールなどに取り組み、友達と一緒に体を動かして遊ぶ姿が多く見られます。できるようになったことを見せ合ったり、ルールのある遊びの中で競い合ったりすることも楽しんでいます。中には、やってみようとする気持ちはあるものの、できないとすぐにあきらめてしまう姿も見られます。

保育者の願い

寒い季節になっても、戸外で引き続き体を動かして遊ぶことを楽しみたいと思います。うんていや鉄棒、登り棒などの固定遊具は、体を様々に動かし、協応性やバランス感覚、体力や筋力を身に付けたりすることができますが、ややマンネリ化していることも気に掛かります。就学を前に、「こうなりたい」「これができるようになりたい」と、自分なりの目標をもって挑戦してほしい、友達と励まし合ったり認め合ったりして、ともに頑張る楽しさも味わってほしいと考えます。

ねらい

- 自分なりの目標に向かって繰り返し取り組み、上達したりできるようになったりする満足感を味わう。
- 友達と一緒に取り組む中で、励まし合ったり認め合ったりしながら、ともに挑戦する楽しさを味わう。

内容

- 自分なりの目標をもち、繰り返し挑戦する。
- 友達の動きを見て刺激を受けたり、励まし合ったり認め合ったりして、いろいろな運動に取り組む。
- いろいろな動きを楽しみ、自分なりにできたことを自信にする。

環境構成を考える上でのポイントは…

友達と刺激し合い育ち合えるようになっているかな

子どもの様子 どんなふうに取り組んでいるかな

挑戦しながら様々な体の動きを楽しもう!

寒い時期にも戸外で体を動かして遊べるよう、うんてい、鉄棒や登り棒などの固定遊具に保育者が積極的に関わるようにする。

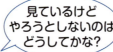

5歳児 冬の実践事例 その2

そうだ！1 子どもたちが興味をもてるよう変化を付けてみよう

自分なりの目標がもてるよう ビニールテープを貼ってみよう

いろいろな色のビニールテープを貼ると、「〇〇いろまでいけるようにがんばろう」と、自分なりの目標をもてるかもしれない。

縄跳びにもチャレンジできるかな

長縄跳びでは「郵便屋さん」「大波小波」、短い縄では前跳び・走り跳び・あや跳びなどにチャレンジ！

そうだ！2 その子なりの目標がもてるような"チャレンジカード"を作ってみよう

登り棒に取り組む子は少ないな

誰もが自分なりの目標をもって取り組むにはどうしたらいいかな？

見える化で、モチベーションUP！

- できることから始め、その子なりの目標を書き込んだり、やってみたりしたことを記入していけるようなチャレンジカードにしよう。
- 簡単なことでも、〇を付けることを励みにしながら、その子なりのペースで徐々にちょっと難しいことにもチャレンジする気持ちをもってほしいな。
- ひと通り終わったら違うカードをもらい、跳びたい回数を変えたりできるようにする。

チャレンジカード

なまえ _____

うんてい		なわとび	
〇	ぶらさがる	〇	まえとび20かい
〇	あか	〇	はしりとび10かい
〇	みどり		あやとび
	きいろ	★	にじゅうとび
	あお		**ながなわとび**
★	こうもり	〇	おおなみこなみ
		〇	ゆうびんやさん
		★	みんなで10かい

てつぼう		のぼりぼう	
〇	とびつく		つかまる
〇	ぶたのまるやき	〇	あかいところまで
	まえまわり		あおいところまで
〇	あしぬき		きいろいところまで
★	さかあがり	★	てっぺん10びょう

★はじぶんのチャレンジをかこう

誌上で公開保育!!
前ページの環境構成のポイントや担当保育者の などを見ながら、この園での実際の保育をイメージして、学び取りましょう!

私の園の環境図

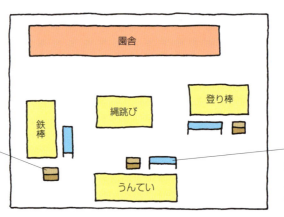

台を用意して、チャレンジカードを置いてすぐ記入できるようにする。鉛筆も入れ物に入れて置いておこう。

※安全面には特に留意し、チャレンジジカードを身に付けたまま取り組むことのないよう確認しよう。

ちょっと休憩したり、友達の様子を見たり応援したりできるようなベンチなどもあるといいな。

環境と指導の工夫
- 一人ひとりが自分なりに頑張っている様子を集合時の話題とし、興味をもてるようにしたり自分なりに挑戦することが大切であることが感じ取れるようにしたりする。
- 霜柱や雪が溶けて園庭がぬかるみ遊びにくいときは、滑り止めシートなどを置いて、活動しやすく動きやすく、安全にも配慮した環境を整える。

鉄棒もできるよ
- 前回りもチャレンジカードが刺激になり、2学期にはあきらめていた子もチャレンジするようになった。
- 友達と一緒に取り組む姿が見られた。

取り組みの様子(遊びの様子)
縄跳びにチャレンジ
- 初めは「とべない」と友達の動きを見ていた子も、徐々にやろうとする姿が見られた。
- 前跳びは難しいと思っていても、走り跳びができると、やる気になる子もいる。
- 毎回チャレンジカードに数を書き込むので、それを見ながら「20回跳べたから、今度は30回跳びたい!」と、目標をもつ。

環境の再構成
ロープを取り付けてみよう
- 登り棒や園庭の樹木に、ユラユラ揺れるロープをぶら下げる。2学期にはロープが揺れると登れなかった子も、バランスを取りながら登ることができる。
- ロープの太さは3cmで、先端にカラビナを付けておくと取り付けやすい。
- 登り切ってタンブリンを鳴らしたらゴール!というルールにすると、達成感を味わえる。
- ロープは滑りやすく、揺れて安定しないことに気付いて、どうすれば登れるかを考える視点をもてるようにする。

5歳児 冬の実践事例 その2

主体的・対話的で深い学びに向けてのヒント
チームで遊ぶ楽しさを味わおう！
心も体も元気いっぱい！

応用・発展ほか

園内駅伝

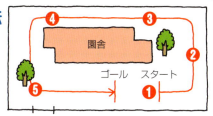

＜ルール＞
- ◎1チーム5名、3組程度で対戦する。
- ◎園内に5か所のポイントを作り、スタートからゴールまで5人でバトン（タスキ）をつなぐ。

- お正月の箱根駅伝の話から駅伝のイメージをもち、やりたい気持ちが高まった。
- グループの友達を応援したり、バトンを受け取って走ったりしながら、走る心地良さを味わえるようにする。
- グループの友達とのつながりを感じられるようにする。

グーチョキパー鬼

棒に付けたカードをコーンに差し、3か所に分かれた陣地にする。

色画用紙ですぐ作れる。

＜ルール＞
- ◎グーはチョキを捕まえる。
- ◎チョキはパーを捕まえる。
- ◎パーはグーを捕まえる。

- 取り組みの初めはお面や表示を使い、みんながルールを理解して楽しめるようにする。
- 慣れてきたらカラー帽子などでチーム分けを行い、相手の動きを感じながら体を動かす楽しさを味わえるようにする。

クラス対抗ドッジボール大会

- 卒園が近づいた頃に学年で取り組むと、クラスや学年のつながりがさらに強まる。
- ルールを学年間で共通にしておき、日頃から各組交じってゲームを楽しめるようにしておく。
- 大会では勝敗が分かりやすい対戦表を準備して、チームで競う楽しさを味わえるようにする。

こんなふうにやってみませんか？

5歳児にとって大切なことは、自分なりに目標をもって主体的に取り組み、達成した喜びを自信にしていくことです。その子なりに頑張っていることや楽しんでいることを、保育者が十分に共感したり周りに伝えたりしながら、自信につなげていきたいですね。また、チームで教え合い、励まし合い、認め合う姿への保育者の喜びも伝え、ともに過ごす喜びを十分に味わって就学に向かいたいものです。

参考　関係法令等(抜粋)…2017年改訂(定)・2018年度より施行のものより…赤下線は編集部による

乳幼児期の教育・保育は、環境を通して行うものであることを示しています！

幼稚園教育要領

第1章　総則

第1　幼稚園教育の基本

　幼児期の教育は、生涯にわたる人格形成の基礎を培う重要なものであり、幼稚園教育は、学校教育法に規定する目的及び目標を達成するため、幼児期の特性を踏まえ、環境を通して行うものであることを基本とする。このため教師は、幼児との信頼関係を十分に築き、幼児が身近な環境に主体的に関わり、環境との関わり方や意味に気付き、これらを取り込もうとして、試行錯誤したり、考えたりするようになる幼児期の教育における見方・考え方を生かし、幼児と共によりよい教育環境を創造するように努めるものとする。これらを踏まえ、次に示す事項を重視して教育を行わなければならない。

1　幼児は安定した情緒の下で自己を十分に発揮することにより発達に必要な体験を得ていくものであることを考慮して、幼児の主体的な活動を促し、幼児期にふさわしい生活が展開されるようにすること。

2　幼児の自発的な活動としての遊びは、心身の調和のとれた発達の基礎を培う重要な学習であることを考慮して、遊びを通しての指導を中心として第2章に示すねらいが総合的に達成されるようにすること。

3　幼児の発達は、心身の諸側面が相互に関連し合い、多様な経過をたどって成し遂げられていくものであること、また、幼児の生活経験がそれぞれ異なることなどを考慮して、幼児一人一人の特性に応じ、発達の課題に即した指導を行うようにすること。

　その際、教師は、幼児の主体的な活動が確保されるよう幼児一人一人の行動の理解と予想に基づき、計画的に環境を構成しなければならない。この場合において、教師は、幼児と人やものとの関わりが重要であることを踏まえ、教材を工夫し、物的・空間的環境を構成しなければならない。また、幼児一人一人の活動の場面に応じて、様々な役割を果たし、その活動を豊かにしなければならない。

保育所保育指針

第1章　総則

　この指針は、児童福祉施設の設備及び運営に関する基準(昭和23年厚生省令第63号。以下「設備運営基準」という。)第35条の規定に基づき、保育所における保育の内容に関する事項及びこれに関連する運営に関する事項を定めるものである。各保育所は、この指針において規定される保育の内容に係る基本原則に関する事項等を踏まえ、各保育所の実情に応じて創意工夫を図り、保育所の機能及び質の向上に努めなければならない。

1　保育所保育に関する基本原則

(1)　保育所の役割

ア　保育所は、児童福祉法(昭和22年法律第164号)第39条の規定に基づき、保育を必要とする子どもの保育を行い、その健全な心身の発達を図ることを目的とする児童福祉施設であり、入所する子どもの最善の利益を考慮し、その福祉を積極的に増進することに最もふさわしい生活の場でなければならない。

イ　保育所は、その目的を達成するために、保育に関する専門性を有する職員が、家庭との緊密な連携の下に、子どもの状況や発達過程を踏まえ、保育所における環境を通して、養護及び教育を一体的に行うことを特性としている。

(3)　保育の方法

オ　子どもが自発的・意欲的に関われるような環境を構成し、子どもの主体的な活動や子ども相互の関わりを大切にすること。特に、乳幼児期にふさわしい体験が得られるように、生活や遊びを通して総合的に保育すること。

(4)　保育の環境

　保育の環境には、保育士等や子どもなどの人的環境、施設や遊具などの物的環境、更には自然や社会の事象などがある。保育所は、こうした人、物、場などの環境が相互に関連し合い、子どもの生活が豊かなものとなるよう、次の事項に留意しつつ、計画的に環境を構成し、工夫して保育しなければならない。

幼保連携型認定こども園教育・保育要領

第1章　総則

第1　幼保連携型認定こども園における教育及び保育の基本及び目標等

1　幼保連携型認定こども園における教育及び保育の基本

　乳幼児期の教育及び保育は、子どもの健全な心身の発達を図りつつ生涯にわたる人格形成の基礎を培う重要なものであり、幼保連携型認定こども園における教育及び保育は、就学前の子どもに関する教育、保育等の総合的な提供の推進に関する法律(平成18年法律第77号。以下「認定こども園法」という。)第2条第7項に規定する目的及び第9条に掲げる目標を達成するため、乳幼児期全体を通して、その特性及び保護者や地域の実態を踏まえ、環境を通して行うものであることを基本とし、家庭や地域での生活を含めた園児の生活全体が豊かなものとなるように努めなければならない。

　このため保育教諭等は、園児との信頼関係を十分に築き、園児が自ら安心して身近な環境に主体的に関わり、環境との関わり方や意味に気付き、これらを取り込もうとして、試行錯誤したり、考えたりするようになる幼児期の教育における見方・考え方を生かし、その活動が豊かに展開されるよう環境を整え、園児と共によりよい教育及び保育の環境を創造するように努めるものとする。これらを踏まえ、次に示す事項を重視して教育及び保育を行わなければならない。

(1)　乳幼児期は周囲への依存を基盤にしつつ自立に向かうものであることを考慮して、周囲との信頼関係に支えられた生活の中で、園児一人一人が安心感と信頼感をもっていろいろな活動に取り組む体験を十分に積み重ねられるようにすること。

(2)　乳幼児期においては生命の保持が図られ安定した情緒の下で自己を十分に発揮することにより発達に必要な体験を得ていくものであることを考慮して、園児の主体的な活動を促し、乳幼児期にふさわしい生活が展開されるようにすること。

(3)　乳幼児期における自発的な活動としての遊びは、心身の調和のとれた発達の基礎を培う重要な学習であることを考慮して、遊びを通しての指導を中心として第2章に示すねらいが総合的に達成されるようにすること。

(4)　乳幼児期における発達は、心身の諸側面が相互に関連し合い、多様な経過をたどって成し遂げられていくものであること、また、園児の生活経験がそれぞれ異なることなどを考慮して、園児一人一人の特性や発達の過程に応じ、発達の課題に即した指導を行うようにすること。

　その際、保育教諭等は、園児の主体的な活動が確保されるよう、園児一人一人の行動の理解と予想に基づき、計画的に環境を構成しなければならない。この場合において、保育教諭等は、園児と人やものとの関わりが重要であることを踏まえ、教材を工夫し、物的・空間的環境を構成しなければならない。また、園児一人一人の活動の場面に応じて、様々な役割を果たし、その活動を豊かにしなければならない。

　なお、幼保連携型認定こども園における教育及び保育は、園児が入園してから修了するまでの在園期間全体を通して行われるものであり、この章の第3に示す幼保連携型認定こども園として特に配慮すべき事項を十分に踏まえて行うものとする。

よくわかる!! 環境構成の解説

環境構成は保育の基本です。

　幼稚園教育要領、保育所保育指針、幼保連携型認定こども園・保育要領が改訂(定)されても、そのことは変わりません（P.112の赤下線参照）。
　今回の大きな制度改革の中で言われている保育の質を向上させるためにも、この解説を読み解き、しっかり学び直しましょう。

『保育の基本＝環境構成を学ぶ』　岡上直子

Ⅰ　環境の構成とは
　1　環境が子どもに働き掛けるもの
　　⑴遊びが伝承される場が無くなっている！
　　⑵群れ遊びが担っていた役割を、園が担う必要性
　2　豊かな経験につながる活動
　　――能動的な動きを支え、体験の多様性と関連性（広がりと深まり）を大切にする――
　3　環境の多様な意味合い
　　⑴「物」（園具・遊具・教材など）について
　　⑵「場」（スペース）の使い方について
　　⑶人的環境について
　　⑷その他の重要な視点
　4　意図性の強い環境について
　5　子どもたちが活動を展開していくための環境の工夫
　6　教材の準備と提示の工夫

Ⅱ　環境を構成する際の基本的な考え方、配慮点
　　⑴体を動かして遊ぶことを目的とした環境の構成
　　⑵身近な自然に親しむことを目的とした環境の構成
　　⑶様々な表現を楽しむことを目的とした環境の構成
　　⑷身近な情報を活用することを目的とした環境の構成
　　⑸友達との心地良い園生活を創り出すことを目的とした環境の構成

『保育の基本＝環境構成を学ぶ』 岡上直子
Ⅰ 環境の構成とは

1 環境が子どもに働き掛けるもの

(1) 遊びが伝承される場が無くなっている！

　幼児期には、楽しいと思う体験だけでなく、やってみようとする体験、悔しいと思う体験など、挑戦や葛藤などに関わる様々な体験も必要です。

　子どもたちは地域の遊び集団（群れ遊び）の中で、様々な遊び方やルールを知り、守らなければならない決まりがあることを知っていきます。遊びの楽しさに夢中になることもあれば、決まりを守らない仲間との衝突、その解決や決裂の場面に居合わせる中で様々な感情を体験していく可能性があります。

　こうした子ども集団の中で学んだことや獲得した技能などを、それぞれの園等の中で再現し、自分たちの遊びやすいように変化させながら遊びを伝承してきています。しかし、今、地域における子どもの遊び集団（群れ遊び）はほとんどなくなり、遊び文化が伝承されにくくなっています。このことは、子どもたちが地域で学んだ遊びを園の中で、主体的能動的に取り込む可能性がなくなっていることを意味しています。下図に示すように、地域の遊び集団（群れ遊び）の中での遊びを豊かに学び、「新しい遊び、知っているよ！」と意気込んで、園の中でその子どもなりに再現し、自分たちで遊びを創り出すことができなくなっているのです。

　下図の流れを見ると、正に新要領・指針等で求められている、他者（園やクラスの仲間）と関わる中で、自分の思いや考えを表現し、伝え合ったり、考えを出し合ったり、協力したりして自らの考えを広げ深める「主体的・対話的で深い学び」の姿と考えられます。こうした姿が実現できるようにするには、保育者の工夫が必要になっています。

(2) 群れ遊びが担っていた役割を、園が担う必要性

　子どもたちが遊びに夢中になっているときには、その遊びがさらに充実するように支援し、その様子を見ながら発達を見通して、適当な時期に「もっとこうしたら、子どもの発達を促すことにつながる」という方向に環境を構成することが大切です。しかし、子どもが遊びを見つけられずに遊びを探している場合には、適当なタイミングで遊びを提示し、群れ遊びの学びのように自分たちの遊びに取り込んでいけるような環境を構成していきたいものです。

　子どもたちの遊びの様子によって、子どもたち同士で対話し、より面白くしたりチャレンジしたりする姿を支える環境を構成したり、体験を豊かにするためのヒントとなる提案をすることが保育者の役割と言えます。こういった遊び文化の伝承の場の役割を、各園が担う必要性が生まれていると考えられます。したがって、子ども集団の中で取り入れた遊び（教材）の特性を

遊びの伝承
（かつては地域の群れ遊びの中から）

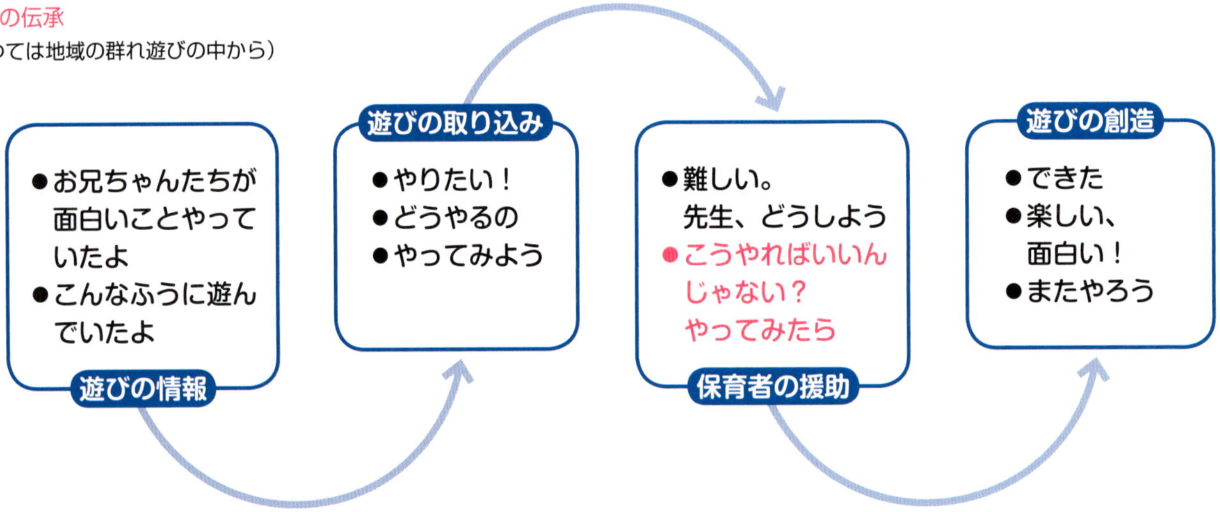

遊びの情報	遊びの取り込み	保育者の援助	遊びの創造
●お兄ちゃんたちが面白いことやっていたよ ●こんなふうに遊んでいたよ	●やりたい！ ●どうやるの ●やってみよう	●難しい。先生、どうしよう ●こうやればいいんじゃない？やってみたら	●できた ●楽しい、面白い！ ●またやろう

保育者がよく知っていることが求められます。

そして、一つひとつの遊び(教材)について、遊びの中でどのような経験ができるか、その可能性を見通すなど、教材の特性(教材性)に対する知識を高めていくことによって、子どもの思いや動きを受けて豊かな体験ができるように、意図をもって環境を構成し、再構成する必要があります。

環境の構成を考えるに当たり、「教材性に着目する」視点と、「遊びとして子どもたちとどう展開するか」の視点、この両面を大切に考えていきたいものです。

2　豊かな経験につながる活動
――能動的な動きを支え、体験の多様性と関連性
　　　　(広がりと深まり)を大切にする――

子どもは面白い遊びを見つけると夢中になって取り組んでいきます。試行錯誤しながら飽きずに繰り返し、もっと面白くなるように期待し、ワクワク感でいっぱいです。

右の事例①は、おすし屋さんごっこを始めた子どもたちの「回転ずし屋にしたい」という思いを保育者が受け止め、回転テーブルのアイディアを提供したことが、子どもの能動的な動きを支え、遊びが広がり深まったものです。

この遊びを図式化してみると、下図のようになります(保育者の言動は赤字表記)。

事例①

5歳児がおすし屋さんごっこをしているところに、保育者が来て『わあ、本物のおすしみたいね』と言うと、A児が、「せんせい、かいてんずしにしたい！」と言う。『ええ、すごい！　どうやって作るんだろう』と問うと、「？？？」。『できたら、格好いいね。考えてごらん』と言うが、アイディアは浮かばないまま片付けの時間になった。

子どもたちが降園した後、保育者は何とか子どもたちの思いに応えたいと考え、あることを思い付いて板段ボールを用意した。

翌日、子どもたちが登園して来たが「おかあさんもわかんないって」「かいてんずしにしたいんだけどなあ」と言うので、保育者は、『先生も考えてみた』と言って、子どもたちと一緒に写真のようなテーブルを作った。中華料理店の回転テーブルのようであるが、子どもたちにとっては、十分な回転ずし屋であった。子どもたちにとっては魅力的な仕掛けで、隣の組だけでなく4歳児もどんどんやってきて大にぎわい。客が多すぎてしばらく混乱状態になるが、子どもたちの中からすぐにテーブルの予約受付のアイディアが出て、予約待ち客の席として椅子が並べられた。そして、案内係やテーブル係などが生まれて、遊びがどんどん広がっていった。

遊びの広がり深まりを生んだ保育者の環境構成
(事例①より)

回転寿司屋にしたい	5歳児らしく仕掛けを	ワクワク・ドキドキ・アクティブに	発展・広がり
●本物みたい ●回転ずし屋にしたい ●先生、どうやったらできる？ ●自分たちで考えよう	●お母さんに聞いたけど、分からない ●保育者は、仕掛けが必要と考えた	●回転するテーブル(提案) ●一緒に作ろう ●できた ●格好いい、すごい！	●お客があふれる ●板前、お運び増員 ●予約席 ●予約の対応係 ●会計

この遊びで保育者が提案したのは、天板が回転するだけの仕掛けだが、子どもたちにとっては、不思議でワクワクする仕掛けでした。子どもたちの回転ずしへの憧れを保育者は瞬時に受け止め、遊びの中で回転のイメージの重要性を見通し、子どもたちと対話的に関わりをしています。これが、子どもたちの経験の質をさらに高いものに発展させる糸口となり、学びの深まりを引き出す環境の再構成となっています。

このように、子どもたちの能動的な動きや発想を受け止めながら、それを支えるにとどまらず、体験の多様性や関連性を考慮して広がりや深まりにつなげる環境の構成をしていきたいものです。

3　環境の多様な意味合い

幼児教育において「環境」とは、クラスの仲間や保育者、園の職員、保護者、地域の人々などの人的な環境もあれば、それらが醸し出す雰囲気や場、そしてそこに起こる事象などですが、「環境」のもつ意味は多様です。その主なものについて、どのようなことに配慮すればよいか考えてみたいと思います。

(1)「物」(園具・遊具・教材など)について
①「物」の特性を理解し、子どもの発達に応じた物を選択する

物は形状、質感、大きさ、重さ、数量、材質等の特性や可塑性、機能性、操作性など、それぞれの物によって特性は異なります。砂や土の感触、落ち葉の色や手触りと変化など、子どもが物と関わる過程でどのような体験をするかを予想し、より豊かな体験となる物を選びたいものです。

子どもは、初めは物に興味・関心をもって触れ、その感触に応じて関わり方は異なり、繰り返し触れ、次第に扱いに慣れていきます。その関わりの中で物の特性などを感じたり理解したりしながら活用の仕方を身に付けるようになり、発達に必要な経験を積み重ねていくことになります。同じ種類の物でも扱いやすい簡単な物から、扱いが複雑な物へと物の選択を考慮することが大切です。

②物との出会いを工夫して、興味・関心が高まるような環境を構成する

保育者は、物を環境に取り入れるときには、子どもにとって扱いやすい物、発達に合った物、安全な物を選び、子どもが安心して主体的に物に関われるように配慮する必要があります。

また、物との出会いを工夫し、意図的に目立つ場所に置いたり、遊びの流れの中で、子どもが必要感を感じたときにタイミングよく提示したりするなどの工夫が必要です。そして、多様な物を子どもが自ら選べるように提示したりすることで、子どもがより主体的に関われるようにすることが求められます。

③物を組み合わせたり、新たに作り出したりする力量を高める

子どもの経験を多様にするためには、既成の物をそのまま使うだけでなく、複数の物を組み合わせたり、新たな物を作り出したりするなど、保育者は物に対して創造的な働き掛けをしていくことが大切です。そのためには、保育者が子どもの遊びの質や展開を見極め、その展開に必要な物を提供できるように準備したいものです。

しかし、子どもたちにふさわしい物がいつもあるとは限りません。適切な物がない場合には、ある物を組み合わせたり、保育者が工夫してアイディアを提供したりすることも大切です。左下の1枚目の写真は、牛乳パックで柱にして高速道路に上がるエレベーターを作ったところです。2枚目の写真は、車がエレベーターから高速道路に入るところ、3枚目の写真は高速道路を走る車です。牛乳パックや段ボール箱などの廃材を組み合わせて工夫して作っています。こうした製作を可能にするためには、保育者が日常的に教材の特性を理解して活用できるように力量を高め、柔軟な発想、安全への配慮などを心掛ける必要があります。

(2)「場」（スペース）の使い方について
①空間や高低差などを意識して、イメージを引き出す場をつくる

遊びのイメージが引き出される雰囲気があると、子どものイメージは膨らみ、遊びが発展していきます。

○○に見える空間という場づくりの援助は遊びの充実に有効で、例えば、床面から一段高くなっている段差のある場は、「舞台」という特別な場に見立てやすいです。このような場を保育者が意図的に設定することで、子どもたちが自由に表現することを楽しむ空間を創り出すことにつながっていきます。

②安全性や回遊性など、子どもの動線を考えて効果的な場を設定する

尻尾取りや宝取りのような運動遊びは、陣地の位置を決める際、子どもの動線を予想し安全性を確保することが重要です。動線が交差しないように考えれば、結果として子ども同士の衝突などの事故は防げることとなり、安全を考える上からも運動量の調整もできるなど、場の決め方一つでより効果的な遊びの場づくりができるのです。したがって、子どもの動線を見ることは重要な配慮点となります。

また、子どもの動きはその環境に触発されるので、広い園庭に移動式遊具を並べておくことで、繰り返し移動遊具に取り掛かり、何度も取り組む動きを引き出すのに効果的です。いわゆる「回遊性」のある環境の構成は遊びや活動が途切れずに連続し、持続しやすくなります。ここでも子どもの動線を考えた場の設定が効果的で、その回遊のルートの中に、子どもが集まって気持ちを一つにできる場や全体が見渡せる場、安心してホッとできる場などがあると回遊の間に様々な動きが生まれ、遊びが充実・発展しやすくなります。

③幼稚園施設整備指針におけるスペースの概念から、場づくりを工夫する

新たなスペースの概念の「デン」は、壁に囲まれた穴倉的小空間であり、区切られ仕切られることにより、子どもにとって心地良い空間となり、気持ちを落ち着かせる効果があります。また、数人の友達とイメージを共有することができる居心地の良い空間ともなります。

それとは反対に、ほかの空間との関係をつなげるなど多様な意味合いをもつことのできるバルコニーやアルコープ（くぼみ）など多様な場の使い方や組み合わせ方を工夫することで子どもの遊びの充実を図ることができます。このような場の特性を理解し、時に応じて活用できるようにしておきたいものです。

(3) 人的環境について
①友達などとの多様な関係性が体験できるようにする

子どもにとって友達との関わりが相互に育ち合う刺激となり、友達の存在は大きな人的環境となります。例えば、自分の思いどおりにならないもどかしさを感じながらも相手に譲ったり、自分の思いを表現して相手に受け入れられずにトラブルになったり、思いを受け止められて嬉しくなったりしながら、互いに心地良く生活できるように環境を整えたり、生活上のルールを考えたりすることを経験します。このような体験を積み重ねていく中で、子どもが自分の思いに気付き、考え、場を整え、友達と環境を創り出していくように、保育者が援助していきましょう。

また、クラスの中で気の合う友達ができ、徐々に仲間意識が育ってくるとグループで行動することが多くなってきます。その際、グループの中でリーダー的な存在の子どももいれば従属的な立場になる子どももいます。こうした関係を経験することは人と関わる力の基盤となる大切な体験ですが、その関係が長期間固定的になると一人ひとりが自己を発揮しにくくなることも考えられます。そこで保育者は、園生活全体を通して子どもたちが多様な関係性を体験できるよう、クラスの子ども同士の関係がどのように動いているか、一人ひとりの子どもの特性を見極めつつグループ編成などに配慮するなど人的環境を工夫していく必要があります。

②保育者のまなざしが、子どもを安心させチャレンジを支える。子どもの遊びの展開を多面的に捉えて環境を構成・再構成することで遊びの質が高まる

初めて集団の場に入ったときには、子どもたちは不

安でいっぱいでしょうが、保育者の温かいまなざしで子どもは安心感を得て、伸び伸びと生活するようになります。その意味では、保育者は子どもにとって安定のよりどころとなる人的環境です。そして、そのよりどころとなる保育者の行動を見て、いつの間にか信頼している保育者の動きと同じような動きをするようになります。例えば、特別な支援が必要な子どもに温かく接している保育者の姿を見て、同じように接する子どもの姿が、よく見られます。保育者の姿は、いつの間にかクラスの雰囲気として醸成されていくのです。無意識な保育者の行動や存在が、人的環境として果たしている役割は大きいのです。

また、保育者は環境の構成に意図を込めますが、その環境に関わる子どもの姿を見届け、一人ひとりの関わりの質を見極めて環境を再構成していく役割も大きいものです。子どもたちは、大人の考え付かないような発想で遊びを展開しますが、保育者にはそれを柔軟に多面的に受け止める力量が求められます。その受け止めに基づいて環境を再構成することで、子どもたちの遊びの質が高まるのです。

安全な遊び方の視点からの援助、子どもたちの活動への意欲喚起、試行錯誤や課題への取り組みを支える人的環境として、保育者の役割は多岐にわたることも忘れてはならないのです。

(4) その他の重要な視点
①安全性への配慮について

子どもが関わる環境は安全でなければなりません。子どもは、遊具や用具などをすぐにうまく扱うことは難しいです。試行錯誤を繰り返す中で物の性質や特性、扱い方を理解し、技能や操作性を身に付けていきます。そこで、繰り返し使っても壊れにくい物、耐性に富む物、子どもの体の大きさに合った扱いやすい物を選ぶことが望ましいです。サイズだけでなく機能性や安全性の高い物を選ぶことが大切です。

また、固定遊具等は破損がないか定期点検に努める必要があります。

近年特に課題となっているのが、予想できない自然現象や個々の子どものアレルギーに関する対応です。これらの課題にも、事前の十分な配慮が必要です。

②時間について

時間の使い方も重要な環境の構成の一部です。子どもがじっくりと遊びに取り組める十分な時間の確保が必要です。また、就学前の子どもには、園生活の中で見通しをもち、主体的に生活を進めていく姿勢を身に付けるようにしたいものです。そのためには、次の活動の見通しや集合する時間などを自分から気付いて動けるよう、保育室の時計や予定が分かるような表示の工夫など、生活環境をつくることが必要です。

③自然について

自然物にはぬくもりがあり、一つひとつ形の違う面白さや変化していくはかなさなど、子どもの感性を揺さぶる体験ができる教材が多く含まれます。実体験が少ない昨今、直接的な体験が重要であることからも大切にしたいものです。自然には季節の変化があり、法則性がありますが、自然現象などは予測できず計画どおりにはならないことも多いです。大きな雨音、雨後のぬかるみ、なかなか見られない雪など、チャンスを逃さないよう柔軟な計画・実施が必要です。

また、自然環境が乏しい園においては、自然との触れ合いを求めて園外に出て行くことや園庭にビオトープなどを構成し、自然を招き入れることも、自然との触れ合いを豊かにする環境として考えていきたいところです。

④情報について

子どもの身の回りには、様々な情報があふれています。例えば、アニメーションや音楽などの情報から、子どもは、関心をもった出来事やイメージを取り入れて遊びを発展させ、繰り返し楽しみます。遊びの内容が豊かになるためには保育者が情報の活用の仕方を工夫することが重要になります。情報を環境として取り込む際は、子どもの目に止まり、耳から聞こえ、肌で感じる情報は、質、量ともに精選された発達にふさわしいものを選択するなどの配慮が必要です。

4　意図性の強い環境について

保育を展開している中で、保育者は、時に子どもたちの発達や遊びへの取り組みについて気になることもあります。例えば、いつも室内で遊び、外であまり遊びたがらない子どもたちのグループに、体を動かす遊びの楽しさや心地良さも感じてほしいと思うことがあるといった場合です。そのようなときに、どのような環境の構成をすればよいのでしょうか。

グループで遊ぶ楽しさが味わえる園庭での"かくれんぼ"に誘うことも考えられますが、ここでは、環境の構成によって子どもたちに"ここで遊んでみようかな"と誘い掛けるような保育者の意図を込めた環境構成も重要であることについて触れたいと思います。

例えば右上の写真のように、子どもたちが登園して来る前に、保育者が園庭の保育室に近い所に渦巻きを描いておきました。登園するなり、子どもから「せんせい！　これなあに」と声があり、数人で「これ、なんだ」「おねえちゃんが、ケンケンしていた」「いしをおいていた」などと言いながら、石を探していたが見つからず、「くつでもいいよ」と言って遊び始め、渦巻きケンケンを始めました。このように、子どもたちが地域で見たことがある遊びを自然に始められるように、環境に仕掛けておくことも考えられます。

そして、遊びが定着し飽きてくるようであれば、ケンパの続きには縄を置いておくなどして、子どもたちが遊びを広げていくきっかけとなるような環境の再構成を工夫したいものです。

このように、子どもたちの育ちにつながる意図を込めた環境の構成について、常に考えておきましょう。

5　子どもたちが活動を展開していくための環境の工夫

子どもたちが遊びを始めて楽しんでいるときは、子どもたちのアイディアが次々と出て遊びは発展していきます。積み木などをたくさん使って場をつくって遊びを展開したときなど、「あしたもつづけたい」と言って、積み木で作った家など遊んでいた場を片付けずにいることもあります。しかし、少ない人数でやっと作ったと思ったら片付けになってしまい、今片付けたらせっかく始まった遊びがしぼんでしまいそうだと判断されるときなど、よほどのことがない限りは片付けたいと思います。なぜならば、子どもたちは遊びの場をつくっている間にどのように遊びを進めていくかイメージを広げたり互いに了解したりしているからです。そして、次の日は、遊びの展開に期待しながら子どもたちと共に再構成をすることも大切と考えるからです。

次の事例②は、右ページ上に示した保育室の壁面を活用した子どもたちの活動を展開していく環境の工夫の事例です。

『はらぺこあおむし』
作：エリック・カール／訳：もりひさし
偕成社・刊　1976

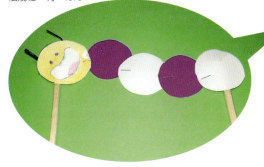

事例②

　子どもたちは絵本の『はらぺこあおむし』が大好きだったので、丸い画用紙をつないで"アオムシ"を作り、両端の頭とお尻の部分に短い棒を付けてペープサートのようにして遊んでいた。遊び終わると各自が自分の引き出しに片付けるが、ほかの用品と一緒になって壊れやすく何度か作り直している。それに気付いた保育者は、壁面いっぱいに写真のように構成した。そして、草の上に、各自のアオムシたちが入れる家のようにして、「アオムシさんたち、休むときはこのおうちに戻ってね」と言って、壁面の家に片付けるようにしたのである。
　これによって、子どもたちは、壁面の家からアオムシを出してアオムシになりきって遊び、遊び疲れたら壁面の家に戻し、ごっこ遊びが終わった後もアオムシの世界を楽しむ日々が続いた。

　このように、子どもたちが作った物を使ってささやかではあるが温かい友達との関わりを大切にし、つなげて展開できるように環境を再構成していきたいと思います。

6　教材の準備と提示の工夫

　子どもたちの遊びへの取り組みや展開の状況を見通し、必要になると予想されるような教材を、子どもたちの要求に応じてすぐに提供できるように準備しておくことが大切です。また、子どもたちが必要なときに自分で選んで使えるように、用具や材料などを分類・整理して提示することも大切です。

　園にある、自由に使える物は、ほとんどが身近な素材や材料です。美しい包装紙やラップの芯材などは、貴重な製作材料です。また、地域の特色を生かした教材など、豊かな体験につながる多様な教材について、保育者は常にアンテナを張って情報を得るようにしましょう。

　さらに、雪が珍しい地域では、雪が降れば貴重な体験のチャンスです。子どもたちが存分に雪と関われるようにするには、そり遊びや雪合戦などに必要な用具だけでなく、帽子や手袋、長靴、着替え用の衣服、ぬれた衣服を始末し乾燥するために必要なタオルや用具など、様々な準備が必要です。こうした物の準備や天候の予測に基づく子どもたちへの周知などを事前に行うなど、自然事象と関わるチャンスを生かすための環境の構成は多様な視点から考えたいものです。

Ⅱ 環境を構成する際の基本的な考え方、配慮点

ここでは、本会(全国幼児教育研究協議会)が行った、平成26年度文部科学省委託(幼児教育の改善・充実調査研究)「幼児教育の質を保障する保育の実現に向けて――環境の構成の在り方を追究する――」で明らかにした概要を紹介します。

環境の構成の具体的な配慮点は、活動ごとに異なります。ここでは、子どもが展開する生活や遊びの内容を大別して、
「(1)体を動かして遊ぶことを目的とした環境の構成」
「(2)身近な自然に親しむことを目的とした環境の構成」
「(3)様々な表現を楽しむことを目的とした環境の構成」
「(4)身近な情報を活用することを目的とした環境の構成」
「(5)友達との心地良い園生活を創り出すことを目的とした環境の構成」
に分けて、環境を構成する際に考えたい基本的な内容や保育者の援助などについて概括的に示していきます。

(1) 体を動かして遊ぶことを目的とした環境の構成

子どもは本来、広い所があれば走り回り、段差があればよじ登り、水たまりがあればバシャバシャと入り、その場にいてもピョンピョンと飛び跳ね、体を動かすことが大好きです。体を動かすことを通してイメージが湧き、その中で様々な思考を巡らしています。子ども期は体の諸機能が著しく発達する時期であり、自らその時々に発達していく機能を使って活動する傾向があり、その機能を十分に使うことによりさらに発達が促されていくと言われています。そのため、子どもが心をときめかせ自ら体を動かすことを通して取り組めるような環境や具体的な遊具や用具が不可欠です。
ここでは、子どもが喜んで体を動かして遊ぶための環境の構成について、園環境の特徴を知り、それを最大限生かした環境の工夫をすることについて考えます。

①園庭や園の周囲の自然環境を取り入れた環境の構成

園庭の土山や斜面、樹木、生け垣、塀など身の回りの自然環境や園内のあらゆる施設、空間など子どもにとっての遊び場の視点から考えてみましょう。

②固定遊具、移動遊具(大型遊具・小型遊具)を生かした環境の構成

固定遊具は、平坦で起伏の少ない園庭に自然環境を人工的に再現して、上る、下りる、つかむ、ぶら下がるなど、様々な動きを引き出す遊具と捉えることができます。

移動させることが可能な大型遊具や、小型遊具(縄、フープやボールなど)は、遊具を組み合わせて様々なバリエーションを楽しめる工夫を考えてみましょう。

③身近な物を取り入れた環境の構成

ペットボトルや段ボール、新聞紙やチューブなど、工夫次第で体を動かす遊びを引き出していく物を工夫してみましょう(写真は、ペットボトルに水を入れたゴム段を支える棒で、子どもが簡単に移動させることができ、足に落としてもけがをせず、安全です。また、色のテープを付けて高さの目印を付けており、子どもが自分の力量に応じて高さを調整することができるようになっています)。

④日常生活の様々な動作を豊かにする環境の構成

例えば、砂を掘る、土を耕す、落ち葉をすくう、大きな積み木や水の入ったバケツを運ぶなど、日常生活の中で多様な動きの体験しています。特定の運動でうまく体を動かすことよりも多様な動きが子どもの体をバランス良く育てることを意識して環境を構成しましょう。

⑤仲間とイメージを共有し、遊びを豊かにする環境の構成

幼児期はなりきって遊ぶことで、同じ動きを繰り返したり同じ遊具でも異なる動きを生み出したりします。様々な動きを引き出し、イメージを共有する関わりに着目しましょう。

⑥仲間とともにルールの面白さを感じる環境の構成

子どもの遊びはルールのないところから始まり、遊びを面白くするために了解事項が生じ、それがルールとなっていきます。ルールを作っ

たり、作り変えたりしながら遊びを面白くしていく場面を考えましょう。

(2)身近な自然に親しむことを目的とした環境の構成

季節そのものやその変化を感じたり、目の前の小さな花や虫に関心をもったりなど、子どもの生活や遊びの中で、身近な自然に関わり親しむ機会はたくさんあります。ここでは、子どもが身近な自然と出会い関わる中で、親しみ・自然の面白さ・不思議さ・美しさなどを感じ、考えたり、試したりすることができるような環境の構成を考えます。

①春・夏・秋・冬など四季折々の季節感を感じ取り入れる環境の構成

各地域における自然の様子は異なりますが、自然の変化を感じ、発見したり驚いたりする経験を大切にしたいものです。

時機を逃すと経験できないこともあるので、その季節固有の遊びや環境を考えるとともに長期的な見通しをもった計画を立てていく必要があります。

②小動物などの生き物や飼育などに親しみをもつ環境の構成

ダンゴムシやチョウなど身の回りにいる生き物や、ウサギや小鳥など餌をやったり世話をしたりする小動物と、繰り返し触れ合う中で、驚きや不思議に思う気

持ちを大切にし、探究心、思考力の芽生えを培うような環境を工夫します。例えば、生き物に親しむことで生まれる愛情や感性、思いやりの気持ちなどを大切にし、命の尊さを感じられるようにします。

③草花、木の実、野菜などの植物との関わりをもつ環境の構成

園庭や道端に咲いている花や草、秋の木の実や葉っぱなどに、目を向け、飾ったり、身に付けたりして遊びに取り入れることで、より親しみが増します。各々の特性を踏まえた環境を考えるとともに、子どもの気付きに寄り添っていくようにします。

花や野菜などの栽培物は、生長や収穫への期待がもてるようにし、変化を楽しみにしたり、好奇心がもてたりするような意図的な配慮を行っていくように着目します。

④砂、土、泥、水、風等、自然の事物や事象を体感できるような環境の構成

砂や泥、水など身近な自然素材で繰り返し遊ぶことで、心地良さや解放感が味わえるようにしていきます。また、地域性も考慮し、年齢や

発達に合わせた環境の工夫が必要です。子どもが、触れ、試行錯誤しながら直接体験を行える場や時間を十分に確保しましょう。

⑤アレルギーへの配慮をする

アレルギー反応を示す子どもが増えています。キウイフルーツのような収穫物や、飼育動物のウサギや鳥、小麦で作った粘土、植物、虫、光など、様々なアレルギーの要因があります。個々の子どものアレルギーに

保育の基本＝環境構成を学ぶ

なる要因を把握し、それに応じた対応が重要です。特に、食べ物のアレルギーは死亡事故につながりかねないため、食べる際は細心の注意が必要です。

また、虫捕りをするときは、長袖、長ズボンを着用するなどの予防策について、子どもが必要感に気付き、身に着けられるように指導することが大切です。

(3) 様々な表現を楽しむことを目的とした環境の構成

子どもは、日々の生活の中で、様々な環境からの刺激を全身で受け止め、感じたり楽しんだりしながら、その体験を身振りや動作、音、色や形などの方法で表そうとします。子どもは、直接的で極めて素朴な形で表現することから、その子ども期の表現の特性を大切にし、子ども一人ひとりの心の動きが豊かに表現できるように、環境の工夫をしなければなりません。

ここでは、身近な素材や音楽などに出会い、関わり、感じ、表現する楽しさを味わうことができるような身体表現・劇的な表現、音楽表現・造形表現などに共通する環境の構成について始めに述べ、その後に各表現の特性に関わることについて述べます。

様々な表現を豊かにするために共通して必要な環境
①様々な表現方法を楽しむ環境の構成

子どもが表現する楽しさを感じ意欲を十分発揮するためには、特定の表現活動に偏るのではなく、遊具や用具、素材などを活動の予想と見通しをもって準備します。

②遊具・用具・素材などの特性を生かし、教育的価値が高まる環境の構成

各々の遊具や用具・素材などの特性を十分捉え、材質、使いやすさ、場や物の配置などを子どもの発達や興味・関心に応じて配慮し、教育的価値を高める工夫を考えて準備します。

③イメージを引き出し広げる環境の構成

物に触れ、見立てたりイメージを広げたりしながら、物と対話することが幼児期の特性です。そこで、多様なイメージを引き出すような素材や演じたくなるような舞台などを準備し、その子どものイメージに共感しながら子どもとともに環境を構成していくことについて考えます。

④表現する過程に意味を見いだすことを大切にした環境の構成

子どもが表現する過程を楽しみ、その子どもなりのこだわりや思いに寄り添いながら思いが実現できるような環境の構成について考えます。

身体表現・劇的な表現を豊かにするために必要な環境
①なりきって表現している姿に共感し、保育者も一緒にすることでイメージが豊かになる

"面"を着けただけでいろいろな虫に変身し、「みつをすいます」「カタツムリのあかちゃん」など、なりきって表現する子どもの姿があります。特に、年齢が低いほど体で表現するために、その気分になりきるための面や羽などの小道具が必要であり、保育者も一緒に表現し、その子どもらしい表現を認めていくことでイメージを豊かにします。

②イメージを広げたり、ストーリを展開したりするための環境を工夫する

イメージをより豊かな表現につなげたり、工夫したりするためには、その内容に応じた遊具や用具が必要です。例えば、海賊ごっこであれば、ナイフや頭巾などを作ってなりきることもできますし、忍者の修行をしている子どもには、鉄棒やうんてい、登り棒などの遊具を使って修行の場をつくったり、変身グッズを作ったりすることでストーリーが展開され、その世界に興味をもち、浸ることができます。

③身近な物を使って、自由に演じることを楽しむ体験を大切にする

新聞紙で尻尾を作る、リボンを棒に付けた物を用意する、綿テープでベルトを作る、カラーポリ袋をマントにするなど、様々に工夫しましょう。

音楽表現を豊かにするために必要な環境
①生活の中で音などを楽しみ音楽に親しむ環境の構成

生活の中で歌や曲が聴ける場や、楽器が自由に使える場など友達とともに音楽に親しめるような環境の工夫が大切です。また、生活の中の様々な音に関心をもち、イメージを広げ、踊ったり楽器を作ったりしながら、保育者や友達と一緒に演奏できる場や配置を考え、相互に刺激し合い創り出せる環境について考えます。

②試行錯誤できる素材や時間を保障する

自然の音に気付いたり、身近な物を使って音を鳴らしたりしながら音に関心をもつよう働き掛けます。例えば、容器にドングリや石などを入れてマラカスを作る中で、素材と音の違いを感じ様々な音に関心をもつためには、何回も試す十分な時間が必要です。

③友達と演奏する楽しさを共有できる環境を、子どもと一緒に創り出す

作った楽器とタンブリンや鈴などの楽器とを組み合わせて演奏すれば、いろいろな楽器の音が重なり面白いでしょう。友達と互いの音や鳴らし方を話し合ったり、観客が楽しめるようなステージや伴奏などを子どもと一緒に考えたり、創り出したりする保育者の役割が重要です。

感触を味わったりイメージをつなげたり広げたりしながら、楽しむ造形表現
①素材と触れ合う体験を存分にする

土、砂、粘土、指絵の具などの遊びは、感覚刺激を通して素材の持っている特性を体全体で感じることができます。汚れを気にせず存分に関われば、心を解放できる楽しい遊びでもあり、自由に子どもが物と向き合う大切な体験となります。しかし、最近は汚れを気にする子どももおり、個々に応じて無理なく体験できるよう配慮していくことが必要です。

②興味・関心をもち、感動体験ができるような素材の出し方を工夫する

「これなんだろう」と、"ワクワク、ドキドキ"気持ちを高めながら素材と出会えることで興味を深め、さらには表現の楽しさを感じることができます。「魔法の粘土だよ」「お空の郵便屋さんからの贈り物」など、想像の世界とつながる出会い方をすることで、素材に寄せる子どもの思いが豊かに広がることも多いでしょう。素材を何となく準備するのではなく、想像の世界を広げ感動を呼び起こす準備も必要です。

③仲間とともに目的を達成し、創り出す醍醐味が味わえるようにする

5歳頃になると、「トンカチをつかってウサギごやをつくりたい」などと、今まで経験したことを生かして、新たな物に挑戦しようとする姿が見られます。例えば、木工道具を使いウサギ小屋を建てるなどの活動は、何回もやり直したり苦労したりするなど、仲間と一緒に課題に向かって乗り越えることができる体験ともなります。子どもの思いを実現させるためには、必要な材料や用具、安全な場所や方法など、子どもと一緒に考えながら、安全な環境に配慮することが必要です。

④可塑性に富んだ環境の構成

様々な素材を組み合わせたり、形を変えたり、偶然できた発見を楽しんだりしながら、多様な使い方を楽しめるような可塑性に富んだ環境について取り上げます。

⑤発達の段階に応じた用具や道具を取り入れた環境の構成

　様々な用具や道具に触れる中で、道具の使い方を知ったり、友達と協力しながら作ったりなど、操作力や人間関係も育ちます。特に、発達の段階に応じた道具や用具を十分検討し、安全面での配慮も必要です。

⑥個々の子どもの表現を認め、伝え合える環境づくり

　子どもは感動したことを、身近な人に伝えようとしますが、言葉で十分表現できず伝わりにくいことも多いでしょう。保育者は、その時々の表現を受容し、共感しながら読み取っていかなければなりません。また、子ども一人ひとりの工夫している所や、その美しい所を認め、周りの子どもにも伝えていくことで、友達とその世界を共有したり認め合ったりすることができるようになります。作品を飾ったり遊びの中で大切に使ったりすることも、その子どもの作品を認めることであり、伝え合える環境づくりとして大切なことです。

(4) 身近な情報を活用することを目的とした環境の構成

　子どもは気に入った情報を、例えば「ごっこ遊び」や「表現遊び」の中で模倣したり、友達や家族に伝えたりしています。子どもは、取り込んだ情報や使いたい情報メディアをその用途固有の使い方をするとは限らず、子どもの様々な発想やイメージによって理解のされ方も扱い方も変わり、時には独自の発想で、創造性も加わりながら活用されていきます。

　その際保育者は、園において子どもの発達を促すのにふさわしい教材として生かされるように、季節や状況、年齢などに応じて環境を考え、工夫して子どもに提供する必要があります。

①自ら進んで取り扱う中で、豊かな感性と表現意欲を培う環境の構成

　絵本、録音・録画・保存した音楽テープ、データ、ＣＤ、ＤＶＤ、ペープサート、人形劇の人形などは、手に取って、自分であるいは友達と一緒に扱い、聞いたり見たり表現したりできるようにします。年齢にふさわしい数量、置き方などを考え、園の特徴を生かしたふさわしい場についても考えます。

②興味・関心を深め、知的好奇心を満たしていく環境の構成

　絵本、図鑑、写真、その他様々な機器などを自分で扱いながら、心行くまで見たり聞いたり、確かめたりできるようにするための自由感のある環境にも着眼します。

③生活の中にある人や物に親しみを感じ、気付く喜びや楽しさを引き出す環境の構成

　壁面装飾などの掲示物や子どもが目にする映像などから教材として活用できそうな物をふさわしい形に置き換えて提示し、子ども自身が気に入った物や必要な物に親しみを感じてまねしてみたり、遊びの中で表現したりできるように工夫します。

④情報機器の使い方を知り、より豊かな発想で遊びを楽しくする環境の構成

　テレビ、ＤＶＤの映像や音楽ＣＤなど、友達と共有のイメージをもって遊びを展開します。相談したり、組み合わせて使ったりすることで創造力を発揮できるように環境構成し、子どもたちが興味をもった情報は満足するまで関われる環境を用意します。

⑤子どもが主体性を発揮できるよう、これまでの経験で得た情報を生かす環境を工夫する

　遠足や運動会のような大きな行事は、企画も５歳児が中心になって進めていけるよう配慮したいですが、主体性を発揮させる方法に戸惑いを感じる保育者も多いでしょう。動物園のガイドマップ、カメラやビデオで得た映像などの情報は、友達とイメージを共有し、豊かな発想を生み出して新たな可能性を引き出す上で効果のある教材となることが分かっています。それらを活用し、子どもとともに考えていくとよいと思います。

(5) 友達との心地良い園生活を創り出すことを目的とした環境の構成

　子どもは入園後、園には家庭生活とは異なる生活の仕方があることを知り、子ども一人ひとりが集団生活に必要な習慣や行動様式、ルールなどを繰り返し経験することで身に付けていきます。それらは押し付けられるのではなく、子ども自ら考え必要感を感じながら身に付けていくことが大切です。また、子ども自身が健康で安全な生活の必要性を理解し、自らこれを意識した生活を創っていくことが大切です。こうした力を身に付けていくにはどのような環境が必要かを考えます。

①自由に出入りでき、子どものイメージが多様に実現できる場を構成する

　保育室や園庭は、子どもにとって園生活の基盤となる場です。その中には、子どもが自由に出入りができ、安心して過ごせ、かつ、遊びのイメージが多様に実現できる空間があることが大切です。ままごとの場にもなれば病院にもなりお店屋さんともなる、あるいは、絵本を見る場にもなれば寝転がって気持ちを解放する場ともなるように、多様な使い方ができる、限定されない空間が必要です。自由に使うことができる空間の中で、友達との心地よい生活が紡ぎ出されていきます。

②生活を創っていく物として、子どもの体の大きさに合い、手軽に扱える物を提示する

　使った物を分類して片付けたり、整理整頓したりできるようにと、幾つかの種類の籠を提示するなど、子どもの生活経験を考慮し、自然に生活を整えることが可能な物を提示していくことが大切です。その際、子どもの体に合った大きさや重さであり手軽に扱えること、身近な物であることが必要です。

③生活の流れに見通しをもてるようにする

　子どもの発達の過程や小学校就学を見据えたとき、5歳児の後半、移行期には、子どもが1日や1週間等の生活の流れに見通しをもって生活することができるようにしたいものです。そのためには、遊び込む経験を大切にしながら、子どもの育ちを踏まえ、徐々に1日や1週間の流れを知り、見通しをもって生活する経験を段階的に踏めるようにしていくことが重要です。

④生活習慣やルールなどに必要感を感じることができるようにする

　心地良い園生活を過ごすためには、保育者が気持ち良く清々しい清潔な環境を整えておくことも当初は必要です。しかし、子ども自身が園生活の中で気持ちの悪さや不都合な経験を経て、片付けや身の回りをきれいにする必要感を感じて行動できるようにしていくことが大切です。そのためには、気持ちの悪さを感じたり、いらいらしたり、うまく物事が運ばないなどの負の経験を、子どもとともに生活を考える契機としていくことが大切です。

⑤子ども自身が健康や安全について意識して行動できるようにする

　日々、子どもが生活する空間は、明るく清潔感があり、健康で安全であることが重要です。それとともに、子ども自身が健康で安全な生活の大切さに気付き、自分で考え行動していけるようにすることが必要です。その中では、友達や保育者と楽しく食事をする経験を通して、食への興味・関心を向上できる食育を推進することや、生活の中で清潔や健康を保つことの大切さを感じ取って行動できるようにしていくことなども必要です。

⑥保育者は、園生活の主体者は子どもであることを意識する

　園生活の主体者は子どもです。園生活が子どものものになっていくように、子どもの経験や育ちを考え、子ども同士が自らの生活を心地良いものとして創造していくことができるような環境の構成が大切です。また、これからの社会を見据えて、自然や環境を大切にする思いと姿勢を培っていく機会も大事です。

編著●公益社団法人　全国幼児教育研究協会　　編著代表●岡上直子（おかのうえ　なおこ）

<協力園>

文京区立小日向台町幼稚園
文京区立お茶の水女子大学こども園
新宿区立四谷子ども園
新宿区立西戸山幼稚園
江東区立ひばり幼稚園
荒川区立南千住第二幼稚園
練馬区立光が丘さくら幼稚園
江戸川区立船堀幼稚園
学校法人調布学園　田園調布学園大学みらいこども園
学校法人純美禮学園　滋賀短期大学附属幼稚園
大津市立平野幼稚園
大津市立田上幼稚園
彦根市立金城幼稚園
大津市立膳所幼稚園
大津市立晴嵐幼稚園
滋賀大学教育学部附属幼稚園
学校法人めぐみ幼稚園　めぐみこども園
学校法人相愛学園　焼津豊田幼稚園
静岡市立有度北こども園
静岡市立小島こども園
学校法人呑龍愛育会　呑竜幼稚園

<編集委員>…所属等は刊行時のものです

全国幼児教育研究協会　理事長
前・十文字学園女子大学　教授　　岡上直子
相愛大学　教授　中井清津子
お茶の水女子大学　教授　宮里暁美
明治学院大学　特命教授　福井直美
荒川区立南千住第二幼稚園　園長　粂原淳子
新宿区立四谷子ども園　園長　古川ワカ
田園調布学園大学みらいこども園　園長　長南康子
江東区立ひばり幼稚園　園長　信太朋子
文京区立小日向台町幼稚園　園長　髙圓元美
静岡市立小島こども園　園長　柴田知江
全国幼児教育研究協会　事務局長　中村和穂

あしたの保育が楽しくなる実践事例集
ワクワク！ドキドキ！が生まれる環境構成
～3.4.5歳児の主体的・対話的で深い学び～

2017年8月　初版発行
2021年9月　第6版発行

編　著	公益社団法人　全国幼児教育研究協会
編著代表	岡上直子
発行人	岡本　功
発行所	ひかりのくに株式会社

〒543-0001　大阪市天王寺区上本町3-2-14　郵便振替 00920-2-118855　TEL.06-6768-1155
〒175-0082　東京都板橋区高島平6-1-1　郵便振替 00150-0-30666　TEL.03-3979-3112
ホームページアドレス　https://www.hikarinokuni.co.jp

印刷所　図書印刷株式会社
©Zenkoku Youjikyouiku Kenkyu Kyokai , Naoko Okanoue
乱丁、落丁はお取り替えいたします。
Printed in Japan
ISBN 978-4-564-60900-8　C3037
NDC376　128p 26 × 21 ㎝

STAFF
本文デザイン／永井一嘉
本文イラスト／むかいえり
　　　　　　　北村友紀
編集担当／安藤憲志
校正／永井一嘉

本書のコピー、スキャン、デジタル化等の無断複製は著作権法上での例外を除き禁じられています。本書を代行業者等の第三者に依頼してスキャンやデジタル化することは、たとえ個人や家庭内の利用であっても著作権法上認められておりません。